Prêt à lire

PRÊT À LIRE

Prose et poèmes choisis

GUSTAVE W. ANDRIAN

JANE DENIZOT DAVIES

Macmillan Publishing Co., Inc.
NEW YORK

Collier Macmillan Publishers
LONDON

Macmillan Publishing Co., Inc.
866 Third Avenue, New York, New York 10022

Collier Macmillan Canada, Ltd.

Library of Congress Catalog Card Number: 79-88713
Printing Number: 10   9   8   7   6   5   4   3

ISBN   0-02-303440-8

Printed in the United States of America

Cover and interior design by Trowbridge Graphic Design

Acknowledgment is gratefully made for the use of the following material:
LIBRAIRIE ERNEST FLAMMARION for «L'Autre Femme» from *La Femme cachée* and «Littérature» from *Contes des 1.001 matins*, by Colette.
LES PRESSES DE LA CITÉ for «Deux couverts», by Sacha Guitry.
MERCURE DE FRANCE for «Les Confitures» and «Tuer» from *Fables de mon jardin*, by Georges Duhamel.
ÉDITIONS GALLIMARD for «Pour faire le portrait d'un oiseau» and «Barbara» from *Paroles* and «En sortant de l'école» from *Histoires*, by Jacques Prévert; and «Rhinocéros» from *La Photo du Colonel*, by Eugène Ionesco.
ÉDITIONS JULLIARD for «L'Air des Clochettes» from *Cordelia*, by Françoise Mallet-Joris.
SOCIÉTÉ DES GENS DE LETTRES DE FRANCE for «La Belle Inconnue», «Histoire du petit Stephen Girard», and «Question de détail» by Alphonse Allais.

Preface

Prêt à lire is a collection of French prose and poetry. written by some of the greatest modern and contemporary French authors. It is designed to be read on the intermediate level in college following the acquisition of basic grammar. The purpose of this collection is to make available as early as practicable in the student's study appealing works whose length and style obviate the need for abridgment, adaptation, or simplification. All selections appear exactly as they were conceived by their authors. The texts follow an order of increasing difficulty rather than a chronological one. Each selection is preceded by a short introduction highlighting the author's life and importance in French literature.

In addition to their readability and linguistic appropriateness, the materials were also selected for their exploration of national and universal traits and themes. Three themes in particular—love, death, and dreams—recur throughout the selections, from those of the great storytellers of the later nineteenth century, Alphonse Daudet and Guy de Maupassant, to Ionesco and Françoise Mallet-Joris of our own day. The variety of form and content of the selections should sustain the student's interest and provide flexibility of use for the teacher. The outlook of humor and gentle irony focused upon human foibles that characterizes most of the selections should make for enjoyable as well as profitable reading.

Since the literary selections are not conceived of as an end but as a means of acquiring mastery of the language, the editors have made wide use of the authors' language and style in numerous exercises on vocabulary building. Synonyms, antonyms, and idioms are all used in context, often in sentences taken from, or based on, the selections. At the instructor's discretion, students may be encouraged to use the end vocabulary to answer more difficult questions. There are also questions for comprehension and oral response, drills on selected points of grammar based on the authors' models, and *sujets de composition ou discussion,* which may be used at the discretion of the instructor for more challenging written or oral expression of the student's ideas. In addition, exercises on poetry selections often include *explications de texte.*

To facilitate and accelerate comprehension of the texts, numerous words and phrases are explained in marginal side notes. These aids are in French whenever a simple synonym is available; in other cases, the English meaning is given, either alone or following a definition in French. There is a complete end vocabulary as well. To give the student a general idea of how to read French poetry, a brief Note on French Versification has been supplied.

The editors wish to express their appreciation to Elaine Goldman of Macmillan Publishing Co., Inc., for her valuable suggestions and careful reading of the manuscript.

G.W.A.
J.D.D.

Contents

Prêt à lire

COLETTE

Gabrielle-Sidonie Colette (1873–1954) garde, de son enfance heureuse passée en Bourgogne, l'amour de la nature, de la campagne, des plantes et des animaux.

A Paris, son premier mari lui fait écrire ses souvenirs: *Claudine à l'école, Claudine s'en va, Claudine à Paris, Claudine en ménage.* Après son premier divorce (Colette a été mariée trois fois, avec des écrivains qui ne sont pas restés aussi célèbres qu'elle), c'est par le théâtre que Colette gagne sa vie, comme danseuse, comme mime, comme actrice et comme dramaturge.

Colette excelle à exprimer toutes sensations et émotions. Comme un poète, c'est avec sympathie et tendresse qu'elle décrit le monde; sa psychologie féminine est très sûre et ses œuvres analysent tous les sentiments qui rapprochent et désunissent[1] les couples.

[1] **désunir** *to disunite, to disjoin*

Ses meilleurs romans décrivent le milieu où elle a vécu: la société bourgeoise et le monde du théâtre: *Chéri* (1920), *Le Blé en herbe* (1923), *La Fin de Chéri* (1926), *Gigi* (1943). Quelques-unes de ses œuvres sont des mémoires romancés:[2] *La Vagabonde* (1910), *Sido* (1929).

[2] **romancé** *in form of a novel*

C'est parmi les contes que Colette a écrits pour le journal *Le Matin* qu'a été choisi le texte suivant: *Littérature.*

Littérature

7 décembre 1911

— Marraine?[1]

— ...

— Qu'est-ce que tu fais, marraine? un conte pour les journaux? C'est une histoire triste?

5 — ...?

— Parce que tu as l'air[2] si malheureux!

— ...

— Ah! c'est parce que tu es en retard? C'est comme une composition: tu es forcée de donner

10 ton devoir au jour qu'on te dit?... Qu'est-ce qu'ils diraient, si tu donnais ton cahier sans rien?[3]

— ...?

— Mais les messieurs qui jugent au journal!

— ...

15 — On ne te payerait pas?... Ça, c'est ennuyeux.[4] Moi, c'est la même chose; mais maman ne me donne que deux sous par composition. Elle dit que je suis vénale.[5] Enfin applique-toi[6] bien. Montre ta page? C'est tout ce que tu as mis? Mais tu ne seras jamais

20 prête!

— ...!

— Comment! tu n'as pas de sujet? On ne te donne pas un canevas,[7] comme nous à l'école, pour la narration française? Tu en as, une chance![8]

25 — ...

— Moi, je voudrais que mademoiselle nous laisse écrire tout ce qui nous passe par la tête. Ah! Seigneur,[9] si j'étais écrivain!

— ...?

30 — Ce que je ferais? J'écrirais cent mille millions de choses, et des histoires pour les enfants.

— ...

[1] une marraine *godmother*

[2] avoir l'air sembler, paraître

[3] sans rien sans avoir rien écrit

[4] ennuyeux regrettable

[5] vénal mercenaire
[6] s'appliquer donner toute son attention à son travail

[7] un canevas *outline*

[8] avoir une chance *to be lucky*

[9] Seigneur! mon Dieu! (*mild exclamation in French*)

— Je sais bien qu'il y en a beaucoup; mais il y a
de quoi[10] vous dégoûter[11] d'être enfant. Qu'est-ce
qu'on va encore me donner comme livres d'étrennes?[12] On nous prend trop pour des imbéciles, tu
5   sais! Quand je vois dans un catalogue: «Pour la
jeunesse», je me dis: «Allez! ça va bien!»[13] encore des
grandes personnes[14] qui se sont donné un mal de
chien[15] pour se mettre, comme on dit, à notre
portée!»[16] Je ne sais pas pourquoi elles prennent un
10   ton spécial, les grandes personnes, pour se mettre
à notre portée. Est-ce que nous nous mêlons[17]
d'écrire des livres pour grandes personnes, nous
autres[18] enfants?
     — ...
15   — S'pas,[19] que c'est juste? Moi, je suis pour la
justice. Par exemple, je veux qu'un livre pour
s'instruire, ça soye[20] un livre pour s'instruire, et un
livre pour s'amuser, je veux qu'il soye amusant. Je
ne veux pas de mélange.[21] Toutes ces années-ci, tu
20   voyais arriver, dans les livres pour enfants, une
automobile, et il y avait toujours dans l'histoire un
monsieur pour vous glisser[22] tout doucement son
opinion sur les progrès de la mécanique... A
présent, tu es sûre de voir descendre du ciel un
25   aviateur épatant,[23] mais il parle de la conquête de
l'air... et des... des glorieux morts qui lui ont tracé[24]
la route. Tu comprends, à chaque instant, il y a des
choses qui me coupent le fil[25] dans les livres pour
enfants, des choses qui sentent[26] la grande personne
30   qui fait la leçon. Papa a beau répéter:[27] «Il faut qu'un
enfant comprenne tout ce qu'il lit...» Moi, je trouve
ça grotexque...
     — ...
     — Grotesque? Tu es sûre? Grotexque est plus
35   joli.
     — ...?
     — Je trouve ça grotexque, parce que les grandes
personnes n'ont jamais l'air de se rappeler de quand

[10] **il y a de quoi**   il y a raison
[11] **dégoûter de**   *to disgust,
to cause to feel aversion*
[12] **les étrennes**   les cadeaux
(*presents*) du 1ᵉʳ janvier

[13] **ça va bien!**   c'est difficile
à accepter!
[14] **une grande personne**
un adulte
[15] **se donner un mal de chien**
(*fam.*)   faire beaucoup
d'efforts
[16] **se mettre à la portée de**
se faire comprendre par
quelqu'un
[17] **se mêler de**   s'occuper de
[18] **nous autres**   nous

[19] **s'pas**   abréviation de
«n'est-ce pas»

[20] **ça soye**   erreur enfantine
pour «soit»

[21] **un mélange**   confusion de
choses mises ensemble

[22] **glisser**   ici, montrer,
indiquer

[23] **épatant**   formidable
("*terrific*")
[24] **tracer**   ici, montrer,
indiquer

[25] **couper le fil**   interrompre

[26] **sentir**   ici, *to smack of,
to reveal*
[27] **avoir beau répéter**
répéter en vain, inutilement

elles étaient petites. Moi, j'aime énormément ce que je ne comprends pas tout à fait. J'aime les beaux mots qui font un joli son, des mots dont on ne se sert[28] pas en parlant. Je ne demande jamais ce qu'ils

5 veulent dire, parce que j'aime mieux réfléchir dessus et les regarder, jusqu'à ce qu'ils me fassent un peu peur. Et puis j'aime les livres sans images.

— ...?

— Dame,[29] tu comprends, marraine, quand on

10 dit, par exemple, dans l'histoire que je lis: «Il y avait une belle jeune fille dans un château, au bord d'un lac...» je tourne la page, et je vois le château dessiné,[30] et la jeune fille, et le lac. Oh! là là!

— ...?

15 — Je ne peux pas bien expliquer, mais ça ne ressemble jamais, jamais, à *ma* jeune fille, ni à *mon* château, ni à *mon* lac... Je ne peux pas te dire... Si je savais peindre... C'est pour ça que je préfère vos livres à vous, les livres jaunes[31] sans images... Tu

20 me comprends, marraine?

— ...

— Tu fais «oui», mais je ne suis pas sûre... Et puis, on ne parle pas assez d'amour dans les livres pour enfants.

25 — ...!

— Qu'est-ce que j'ai encore dit? C'est un vilain mot,[32] l'amour?

— ...

— Avec ça que je ne sais pas ce que c'est! Moi, je

30 suis très amoureuse.[33]

— ...?

— De personne. Je sais bien que je n'ai que dix ans et que ça serait ridicule d'être amoureuse de quelqu'un, à cet âge-là. Mais je suis amoureuse,

35 comme ça, tout court.[34] J'attends. C'est pour ça que j'aime bien les histoires d'amour, des histoires terribles, mais qui finissent bien.

— ...

[28] **se servir de**   utiliser, employer

[29] **dame!**   évidemment!

[30] **dessiner**   *to draw, to sketch*

[31] **les livres jaunes**   Colette's books (*which came out in yellow covers*)

[32] **un vilain mot**   un mot qu'on ne doit pas prononcer

[33] **amoureux**   *in love;* **être amoureux de**   *to be in love with*

[34] **tout court**   rien de plus

— Parce que les histoires qui finissent mal, on en reste malade après, on n'a pas faim, on y pense longtemps, et quand on regarde la couverture[35] du livre, on se dit: «Voilà, ils continuent à être malheureux là-dessous...»[36] On cherche ce qu'on pourrait bien y faire,[37] on songe[38] à écrire la suite où tout s'arrangerait... J'aime tant qu'on se marie!

— ...?

— Oui, mais après qu'on a été bien malheureux avant, chacun de son côté. Ce n'est pas que j'y tienne,[39] à tous ces malheurs, mais c'est nécessaire.

— ...?

— Pour qu'il y ait un commencement, un milieu et une fin. Et puis parce que l'amour, dans mon idée, c'est d'être très triste d'abord, et très content après.

— ...

— Non, non, pas du tout, ce n'est pas souvent le contraire! Qu'est-ce qui te demande ça? Laisse-moi tranquille[40] avec tes opinions de grande personne! Et tâche[41] d'écrire à présent une belle histoire dans ton journal, une histoire *pour moi*, pas pour les enfants. Une histoire où on pleure, où on s'adore, où on se marie.... Et puis mets-y des mots que j'aime, tiens,[42] comme: «*fomenter, subreptice, et prorata et corrobore, et prémonitoire*»... Et puis, quand tu commences un aliéna,[43] tu dis: «Sur ces entrefaites...»[44]

— ...?

— Je ne sais pas au juste[45] ce que ça signifie, mais je trouve que ça fait élégant.

[35] la couverture   *the cover*

[36] là-dessous   *inside (the cover)*

[37] y faire   *to do about it*

[38] songer   penser

[39] tenir à (+ *nom*)   aimer beaucoup

[40] laisse-moi tranquille   ne me tourmente pas

[41] tâcher de   essayer de (*to try*)

[42] tiens   *well, for example*

[43] aliéna   le mot est «alinéa», ou paragraphe

[44] sur ces entrefaites   à ce moment

[45] au juste   exactement

EXERCICES

I. Exercices de vocabulaire

A. Complétez les phrases suivantes en employant les expressions et verbes ci-après.

se mettre à la portée de
se mêler de
couper le fil
avoir l'air
y faire
dégoûter
dessiner
songer
réfléchir
s'appliquer

1. Il est très impoli de _____ à une personne qui vous explique quelque chose.
2. Travailler avec attention, sérieux et persévérance, c'est _____.
3. En voulant trop _____ (les) affaires des autres, on néglige souvent ses propres problèmes.
4. Pour _____ (les) enfants, les grandes personnes se servent souvent d'un vocabulaire trop simple et ennuyeux.
5. Quand on répond trop vite et mal à une question, c'est qu'on répond sans _____.
6. Un livre qu'on n'oublie pas est celui qui vous fait _____ longtemps en regardant la couverture.
7. Pourquoi _____ des illustrations qui ne correspondent jamais à l'imagination des lecteurs?
8. La marraine ne veut pas _____ de comprendre que c'est l'amour qui intéresse la fillette.
9. Un livre qui veut à la fois amuser et instruire ne peut que _____ les enfants de la lecture.
10. Lorsque les personnages d'un livre sont malheureux, la fillette pense à ce qu'elle pourrait _____.

B. Choisissez le mot ou l'expression qui convient.

1. Vous me (tracez, tâchez) un programme si long que je ne pourrai jamais l'accomplir à temps.
2. Un dictionnaire (sert, sert à, sert de) vérifier le sens des mots.
3. S'il (applique, s'applique à) son travail, il devra réussir.
4. Je ne peux suivre le fil de son raisonnement car il (se mêle à, mêle, se mêle de) toujours ses idées et ses espoirs.
5. C'est la marraine qui (tient, tient à) l'enfant quand on le baptise à l'église.
6. Votre composition est illisible, (tâchez, tracez) d'écrire mieux.
7. J'ai bien entendu ses paroles, mais je n'ai pas compris. Que voulait-il dire (juste, au juste)?
8. Il (mêle, se mêle, se mêle à) toujours de ce qui ne le concerne pas.
9. Les étudiants (servent, se servent de, servent à) un dictionnaire pour faire une traduction.
10. Je vous le prêterai si vous me le rendez bientôt, je (tiens, tiens à) ce livre.

II. Exercice de grammaire
Relative pronouns qui, que, dont, où

EXAMPLES FROM THE TEXT

Il y a des histoires qui me coupent le fil.
Mets-y des mots que j'aime.
J'aime les mots dont on ne se sert pas.
Écris une histoire où tout s'arrangerait.

Recall that dont (*of whom, of which, whose*) *takes the place of* de + *relative pronoun, and that* où (*in, on which, where*) *is* à, dans, sur + *relative pronoun.*

Complétez les phrases suivantes avec le pronom relatif convenable.

1. Ce sont des livres d'amour _____ elle veut pour étrennes.
2. La fillette aime les mots _____ elle aime le son.
3. Elle adore les mots _____ font un joli son.
4. Elle déteste les livres de mélange _____ elle est dégoûtée.
5. Elle préfère les livres _____ il n'y a pas d'images.
6. Est-ce la marraine _____ parle dans ce conte?
7. Un beau livre est une histoire _____ l'on est triste puis heureux.
8. La fillette veut des mots _____ lui font peur.

III. Compréhension du texte

A. Selon le texte, indiquez si les phrases suivantes sont vraies ou fausses.

1. Colette paraît triste car elle est en train d'écrire un conte où les gens sont malheureux.
2. La fillette tient à lire un livre avec des images.
3. Si le conte n'était pas envoyé à temps, l'écrivain ne serait pas payé.
4. A l'école, la fillette écrit des narrations sur le sujet qui lui plaît.
5. Les grandes personnes font trop d'efforts pour se mettre à la portée des enfants.
6. La fillette adore les livres qui l'amusent et l'instruisent à la fois.
7. Elle prend plaisir à lire des mots qu'elle ne comprend pas.
8. Elle les cherche dans un dictionnaire ou en demande le sens à ses parents.
9. Quand une histoire se termine mal, la fillette tâche d'imaginer une suite plus heureuse.
10. Le père de la fillette pense que les enfants n'ont pas besoin de comprendre tout ce qu'ils lisent.

B. Répondez aux questions par des phrases complètes.

1. Pourquoi Colette a-t-elle l'air triste en regardant sa page blanche?
2. La petite fille aime-t-elle les mélanges littéraires? Expliquez.
3. Quelles interruptions n'aime-t-elle pas?
4. Quel genre de vocabulaire préfère-t-elle?
5. A quoi voyez-vous ses idées romantiques?
6. Pourquoi n'aime-t-elle pas les livres avec des images?
7. Quel est le sujet préféré des lectures de la fillette?
8. Quelle est la réaction de sa marraine en apprenant cela?
9. Pourquoi la fillette n'aime-t-elle pas les histoires qui finissent mal?
10. Que cherche-t-elle à faire alors?
11. Quelles sont les idées de la fillette sur la progression de l'amour? Et celles de sa marraine?
12. Finalement quelle histoire la fillette demande-t-elle à l'écrivain?

IV. Sujets de composition ou discussion

1. Même si vous ne le saviez pas, à quoi pourriez-vous savoir que c'est une fillette de dix ans qui parle (son vocabulaire, ses fautes en parlant, ses lectures, ses goûts)?
2. Rétablissez le dialogue en donnant les réponses ou les questions probables de Colette.
3. Quel est le livre de votre enfance que vous avez lu et relu plusieurs fois? Servez-vous des questions suivantes comme canevas:
   Quel âge aviez-vous?
   Quel livre?
   Faites-en la description.
   Quelle en était l'histoire?
   Quel plaisir ce livre vous donnait-il?
   Où est ce livre maintenant?
   Vos goûts littéraires ont-ils changé?

ALPHONSE ALLAIS

Alphonse Allais (1854–1905) est né en Normandie à Honfleur, un petit port qui fait face au Hâvre, de l'autre côté de l'estuaire de la Seine. Il a fort bien décrit le climat de cette côte de la Manche:[1] si d'Honfleur on voit distinctement Le Hâvre, c'est qu'il va pleuvoir; si on ne voit pas Le Hâvre, c'est qu'il pleut.

[1] la Manche   *The English Channel*

Ne voulant pas devenir pharmacien comme son père, il a quitté Honfleur pour Paris où il s'est fait rapidement connaître par ses monologues au cabaret du *Chat Noir* à Montmartre et par ses contes publiés chaque semaine. Il en a écrit des centaines.[2]

[2] centaines (*cent*) *hundreds*

Il avait une apparence sérieuse et grave, un visage impassible, des yeux rêveurs et tristes. Sa vie ne fut guère heureuse, accablée par des soucis[3] d'argent et tourmentée par des amours malheureuses.

[3] accablée...soucis *burdened...worries*

Pourtant il sait amuser auditeurs[4] et lecteurs. Les conteurs français avaient à ce but utilisé depuis longtemps le comique, l'ironie et la satire. Alphonse Allais se sert plutôt de l'humour, parfois de l'humour noir ou macabre, logique jusqu'à l'absurde. Son style est précis, sec et concis. Ce ne sont pas des mots drôles qui amènent le rire, mais des situations, souvent inattendues.

[4] un auditeur   personne qui écoute un discours, une histoire, etc.

Très apprécié par ses contemporains, Alphonse Allais est redevenu à la mode au vingtième siècle, et André Breton lui donne la place d'honneur dans *L'Anthologie de l'humour noir*.

Voici la recette[5] d'Alphonse Allais pour bien rire d'une histoire: «Il faut être trois pour bien apprécier une bonne histoire. Un pour la raconter bien, un pour la goûter,[6] un pour ne pas la comprendre. Car le plaisir des deux premiers est doublé par l'incompréhension du troisième.»

[5] la recette   *recipe*

[6] goûter   apprécier

La Belle Inconnue[1]

Il descendait le boulevard Malesherbes, les mains dans ses poches, l'esprit ailleurs,[2] loin, loin (et peut-être même nulle part), quand, un peu avant d'arriver à Saint-Augustin, il croisa[3] une femme.

5   (Une jeune femme dont la description importe peu ici. Imaginez-la à l'instar de[4] celle que vous préférez et vous abonderez dans notre sens.)[5]

Machinalement,[6] il salua[7] cette personne.

Mais elle, soit[8] qu'elle n'eût point reconnu notre
10 ami, soit qu'elle n'eût point remarqué son salut, continua sa route sans marque extérieure de courtoisie[9] réciproque.

Et pourtant, se disait-il, il l'avait vue quelque part, cette bonne femme-là.[10] mais où diable![11] et
15 dans quelles conditions?

En tout cas, insistait-il à part lui,[12] c'était une bien jolie fille, avec laquelle on ne devait pas s'embêter.[13]

Au bout de[14] vingt pas, n'y pouvant tenir,[15]
20 obsédé,[16] il rebroussa chemin[17] et la suivit.

De dos[18] aussi, il la reconnut.

Où diable l'avait-il déjà vue, et dans quelles conditions?

La jeune femme remonta le boulevard Males-
25 herbes jusqu'à la jonction de cetter artère[19] avec l'avenue de Villiers.

Elle prit l'avenue de Villiers et marcha jusqu'au square Trafalgar.

Elle tourna à droite.

30 Et lui, la suivant toujours, se disait:
«C'est drôle, j'ai l'air de rentrer chez moi.»

Avec tout ça, il ne se rappelait encore pas où diable il l'avait déjà vue, cette jeune femme, et dans quelles conditions.

[1] une inconnue une femme dont on n'a jamais fait la connaissance

[2] l'esprit ailleurs ses pensées dans un autre lieu

[3] croiser *to pass*

[4] à l'instar de comme

[5] abonder dans notre sens être de notre avis (*opinion*)
[6] machinalement sans réfléchir
[7] saluer *to greet, to bow to*
[8] soit que ... soit que *whether . . . or*

[9] la courtoisie la civilité, la politesse

[10] une bonne femme (*pop.*) une femme
[11] diable ici, marque la surprise
[12] à part lui en lui-même

[13] s'embêter s'ennuyer (*to be bored*)
[14] au bout de après
[15] ne pouvoir y tenir ne pouvoir résister à quelque chose
[16] obsédé *intrigued*
[17] rebrousser chemin s'en retourner (*to turn around*)
[18] de dos *from the back*
[19] une artère ici, une rue importante

Arrivée devant le n° 21 de la rue Albert-Tar-
tempion, la dame entra.

Ça, par exemple, c'était trop fort![20] La voilà qui
pénétrait[21] dans sa propre maison!

5   Elle prit l'ascenseur.

Lui, quatre à quatre,[22] grimpa[23] l'escalier.

L'ascenseur stoppa au quatrième étage, son
étage!

Et la dame, au lieu de sonner, tira une clef de
10   sa poche et ouvrit la porte.

Quelque élégante cambrioleuse,[24] sans doute.

Lui, ne faisait qu'un bond.[25]

«Tiens, dit la belle inconnue, tu rentres bien
tôt, ce soir!»

15   Et seulement à ce moment il se rappela où,
diable! il l'avait vue, cette jeune femme, et dans
quelles conditions.

C'était sa femme.

[20] c'est trop fort   cela dépasse les limites (*that's the last straw*)
[21] pénétrer   entrer
[22] quatre à quatre   rapidement
[23] grimper   monter
[24] une cambrioleuse   une voleuse (*burglar*)
[25] faire un bond   bondir, sauter (*to leap*)

EXERCICES

I. Exercice de vocabulaire

Écrivez les phrases suivantes en choisissant dans le vocabulaire ci-dessous le contraire des mots en italique.

c'est trop fort
ne pouvoir y tenir
quatre à quatre
la courtoisie
embêter
abonder dans votre sens
ailleurs
rebrousser chemin
machinalement
grimper

1. N'achetez pas de billets pour cette pièce de théâtre. Je l'ai vue le mois dernier et elle m'a *amusé*.
2. Les enfants font trop de bruit dans le jardin. Veuillez les faire jouer *ici*.
3. Les invités furent charmés de *l'impolitesse* du maître de maison.
4. Cette femme n'était pas une cambrioleuse, dites-vous? Je *ne suis pas de votre avis*.
5. Le narrateur suivait *de façon réfléchie* les artères et les rues qui devaient le ramener chez lui.
6. Encore sous l'effet de cette forte émotion, l'homme a descendu l'escalier *très lentement*.
7. La cambrioleuse avait donc les clefs de son appartement? *C'est possible!*
8. Le narrateur a *descendu* son escalier quatre à quatre pour découvrir où allait la jolie inconnue.
9. Vous ne me dites pas les grandes nouvelles que vous venez d'apprendre? Je *peux patienter!*
10. Le narrateur croyait qu'il avait déjà vu cette femme. Alors, il a *continué son chemin* pour la reconnaître.

II. Exercice de grammaire
Past participles as nouns

At times a past participle is used as a noun.

EXAMPLE

connaître
l'inconnu (masculin)   *the unknown*
un inconnu (masculin)   *an unknown man*
une inconnue (féminin)   *an unknown woman*

Dans les phrases suivantes, employez le participe passé
de chaque infinitif comme nom.

MASCULIN

1. Un (compromettre) est un accord où l'on fait des
   concessions mutuelles.
2. Pour avoir le droit de conduire une auto, il faut savoir
   conduire et obtenir un (permettre) de conduire.
3. Un écrit dans lequel une personne reconnaît qu'on
   lui a donné de l'argent ou une chose est un (recevoir).
4. Une présentation sommaire ou un coup d'œil rapide
   sur une question est un (apercevoir).
5. Ce n'est pas par l'apparence qu'on peut savoir le
   (contenir) d'un livre ou d'un paquet.
6. C'est en prison qu'on met les (détenir).

FÉMININ

7. On fait une (découvrir) lorsqu'on a recherché et
   trouvé des choses jusqu'alors ignorées et inconnues.
8. Quand des personnes désirent se voir pour parler
   de certaines choses, elles décident d'avoir une
   (entrevoir).
9. L'endroit qui donne accès dans un lieu, une maison,
   un spectacle, s'appelle une (entrer).
10. Le moment où le jour finit et où l'obscurité commence
    s'appelle la (tomber) de la nuit.

11. Lorsque les élèves restent punis à l'école après les heures de classe, ils ont une (retenir).
12. Quand les gens courent d'un côté et de l'autre, ils vont et viennent; leurs mouvements s'appellent des (aller et venir).

III. Traduction

Traduisez les phrases suivantes. Cherchez-les dans le texte si vous en avez besoin.

1. He was going down the boulevard with his hands in his pockets.
2. She was a young woman whose description is of little importance.
3. Where the devil had he seen her before, he asked himself.
4. Not being able to resist, he decided to follow her.
5. That's funny, but I seem to be entering my (own) house.
6. There she was, entering his own house!
7. He took the elevator to the fourth floor.
8. At that moment he remembered where he had seen her.

IV. Questions

Répondez aux questions suivantes par des phrases complètes.

1. A quoi pense l'auteur en descendant le boulevard?
2. Qui croise-t-il en chemin?
3. Les deux personnes se saluent-elles?
4. Quelles réflexions l'auteur se fait-il sur cette femme?
5. Que fait-il quand il ne peut plus y tenir?
6. Quel chemin l'inconnue prend-elle?
7. Que pense l'auteur de ce chemin?
8. Comment les deux personnages vont-ils au quatrième étage?
9. Pourquoi l'auteur pense-t-il que l'inconnue est une cambrioleuse?
10. A quel moment reconnaît-il sa femme?

Histoire du petit Stephen Girard

et d'un autre petit garçon qui avait lu l'histoire du petit Stephen Girard

d'après Mark Twain

I

Il existe à Philadelphie un homme qui — alors[1] qu'il n'était qu'un jeune et pauvre petit garçon — entra dans une banque et dit:

«S'il vous plaît, monsieur, vous n'auriez pas
5   besoin d'un petit garçon?

— Non, petit garçon, répondit le majestueux banquier, je n'ai pas besoin d'un petit garçon.»

Le cœur bien gros,[2] des larmes sur les joues, des sanglots plein la gorge,[3] le petit garçon descendit
10   l'escalier de marbre de la banque, tout en suçant[4] un sucre d'orge[5] qu'il avait acheté avec un sou[6] volé à sa bonne et pieuse tante.

Dissimulant[7] sa noble forme, le banquier se cacha derrière une porte, persuadé[8] que le petit
15   garçon allait lui jeter une pierre.

Le petit garçon, en effet, avait ramassé[9] quelque chose par terre: c'était une épingle[10] qu'il attacha à sa pauvre mais fripée veste.[11]

«Venez ici!» cria le banquier au petit garçon.
20   Le petit garçon vint ici.

«Qu'avez-vous ramassé? demanda le majestueux banquier.

— Une épingle», répondit le petit garçon.

Le financier continua:
25   «Êtes-vous sage,[12] petit garçon?»

Le petit garçon dit qu'il était sage.

[1] **alors que**   pendant que

[2] **avoir le cœur gros**   être triste

[3] **des sanglots plein la gorge** (throat)   choking with sobs

[4] **sucer**   to suck

[5] **un sucre d'orge**   lollipop

[6] **un sou**   a small coin

[7] **dissimuler**   cacher (to conceal)

[8] **persuadé**   sûr, certain

[9] **ramasser**   prendre par terre (to pick up)

[10] **une épingle**   pin

[11] **une veste fripée**   rumpled jacket

[12] **sage**   bon (obéissant, docile, etc.)

«Comment votez-vous?... Oh! pardon, allez-vous
à l'école du dimanche?»

Le petit garçon dit qu'il y allait.

Alors, le banquier trempa[13] une plume d'or dans
5   la plus pure des encres, écrivit sur un bout de[14]
papier *St. Peter* et demanda au petit garçon ce que
cela faisait.

Le petit garçon répondit que cela faisait *Salt
Peter.*

10   «Non, fit le banquier, cela fait *Saint Peter.*»

Le petit garçon fit: «Oh!»

Le banquier prit le petit garçon en affection,[15] et
le petit garçon fit encore: «Oh!»

Alors, le banquier associa le petit garçon à sa
15   maison,[16] lui donna la moitié des bénéfices[17] et tout
le capital.

Et, plus tard, le petit garçon épousa[18] la fille du
banquier.

Tout ce que possédait le banquier, ce fut le petit
20   garçon qui l'eut.

II

Mon oncle m'ayant raconté l'histoire ci-dessus, je
passai six semaines à ramasser des épingles par
terre, devant une banque.

J'attendais toujours que le banquier m'appelât
25   pour me dire:

«Petit garçon, êtes-vous sage?»

Je lui aurais répondu que j'étais sage.

Il aurait écrit *St. John,* et je lui aurais dit que
cela voulait dire *Salt John.*

30   Il faut croire que le banquier n'était pas pressé[19]
d'avoir un associé ou que sa fille était un garçon,
car un jour il me cria:[20]

«Petit garçon, que ramassez-vous là?

[13] **tremper** mettre dans un liquide (*to dip*)
[14] **un bout de** un petit morceau de. un fragment de

[15] **prendre en affection** se mettre à aimer

[16] **une maison** ici, une firme
[17] **un bénéfice** un profit

[18] **épouser** se marier avec

[19] **être pressé** avoir hâte (*to be in a hurry*)

[20] **crier** dire très fort et avec colère

— Des épingles, répondis-je poliment.

— Montrez-les-moi.»

Il les prit, et moi, je mis mon chapeau à la main, tout prêt à devenir son associé et à épouser sa fille.

5   Mais ce n'est pas à cela qu'il m'invita.

«Ces épingles, rugit-il,[21] appartiennent à la banque; et si je vous retrouve encore rôdant[22] par ici, je fais lâcher[23] le chien sur vous.»

Je partis, laissant ce vieux bougre[24] en posses-
10 sion de mes épingles.

Dire, pourtant, que[25] c'est comme ça dans la vie!

[21] **rugir** crier comme un lion
[22] **rôder** flâner (*to prowl, to stroll*)
[23] **lâcher** cesser de retenir (*to loosen, to let go*)
[24] **un vieux bougre** (terme insultant) un homme
[25] **dire que...** quand on pense que (exprime la surprise ou l'indignation)

EXERCICES

I. Exercice de grammaire
Possessive pronouns

MASCULINE		FEMININE	
le mien	les miens	la mienne	les miennes
le tien	les tiens	la tienne	les tiennes
le sien	les siens	la sienne	les siennes
le nôtre	les nôtres	la nôtre	les nôtres
le vôtre	les vôtres	la vôtre	les vôtres
le leur	les leurs	la leur	les leurs

Remplacer les expressions en italique par des pronoms possessifs.

1. Le banquier a trempé *sa plume* dans un encrier.
2. Ce sont *mes épingles*, dit le second banquier; ce ne sont pas *vos épingles*.
3. Ce sont *les épingles de la banque*, ne les volez pas.
4. L'inconnue a sorti *sa clef* avant que je ne prenne *ma clef*.
5. *Notre entrevue* avait duré plus longtemps que *l'entrevue de vos amis*.
6. *Les élèves de ma classe* sont plus sages que *ceux de votre classe*.
7. *Votre retenue* me semble plus juste que *la retenue de ce garçon*.
8. *Ton arrivée* a précédé *leur arrivée* de quelques minutes.
9. Nous venons de passer *notre permis de conduire*. Quand aura-t-elle *son permis*?
10. Nous avons tous payé: j'ai *mon reçu*, mais elles n'ont pas *leur reçu*.

II. Exercice de vocabulaire

Remplacez les expressions en italique par des synonymes.

flâner	un bout de
être pressé	dire que
se mettre à aimer	épouser
sûr	sa firme
avoir le cœur gros	ramasser

1. Le garçonnet *était triste* en sortant de la banque.
2. Le banquier était *persuadé* que le garçon allait se venger.
3. Le banquier a écrit quelque chose sur *un morceau de* papier.
4. Le banquier *prit en affection* le jeune garçon économe.
5. Il lui a donné la moitié des profits de *sa maison*.
6. Le garçon de Philadelphie *s'est marié avec* la fille du banquier.
7. Il attache à sa veste une épingle qu'il a *prise par terre*.
8. Le deuxième banquier *n'avait pas hâte* de marier sa fille.
9. Il n'aime pas voir les jeunes gens *rôder* devant sa banque.
10. *Quand on pense que* la vie est comme ça!

III. Traduction

Traduisez les phrases suivantes, en utilisant les expressions ci-dessous.

avoir lieu
voler (à)
avoir besoin de
montrer
ramasser
comme ça
faire lâcher

1. The story takes place when the narrator was only a little boy.
2. He asked the banker if he needed somebody.
3. This is not the money that he stole from his aunt.
4. What have you picked up? the banker asked the boy. Then he asked him what he was doing here.
5. The man asked me to show them to him.
6. Then he told me that if I didn't leave, he would set the dog on me.
7. That's how it really is in life!

IV. Questions

Répondez aux questions suivantes par des phrases complètes.

1. Qu'est-ce que le petit garçon avait demandé au banquier?
2. Comment s'est manifestée la tristesse du garçon après le refus du banquier?
3. Pourquoi le banquier s'est-il caché derrière une porte?
4. Qu'a fait le jeune garçon en sortant de la banque?
5. Quelle qualité du petit garçon le banquier a-t-il appréciée?
6. Comment le banquier a-t-il voulu s'assurer de la moralité du petit garçon?
7. Quel a été le bel avenir du garçon de Philadelphie?
8. Que fait le narrateur après avoir entendu l'histoire?
9. Qu'attend-il?
10. Pourquoi pense-t-il que le banquier ne l'appelle pas?
11. Pourquoi ce banquier est-il mécontent de voir le garçon ramasser des épingles?
12. De quoi ce banquier menace-t-il le jeune garçon?

Question de détail[1]

[1] une question de détail *small matter*

LE PRÉSIDENT. — Accusé, je vous préviens[2] que le système[3] de mutisme[4] dans lequel vous vous renfermez[5] vous fera beaucoup de tort.[6]

L'ACCUSÉ. — Heu!

5   LE PRÉSIDENT. — Entrez plutôt dans la voie[7] des explications et dites-nous les motifs qui vous ont poussé à tuer cette pauvre femme.

L'ACCUSÉ. — Vous y tenez[8] beaucoup, monsieur le président?

10   LE PRÉSIDENT. — J'y tiens, au nom de la justice.

L'ACCUSÉ. — Allons-y!...[9] Interrogez-moi.

LE PRÉSIDENT. — Vous voilà devenu plus raisonnable! Dites-nous pourquoi vous avez d'abord tué votre concierge[10] et pourquoi vous l'avez ensuite

15   découpée[11] en vingt-huit morceaux.

L'ACCUSÉ. — Parce que je ne pouvais pas faire autrement.

LE PRÉSIDENT, *un peu étonné.* — Vous ne pouviez pas faire autrement?

20   L'ACCUSÉ, *cynique.* — Dame![12] je ne pouvais pas la couper en morceaux d'abord et la tuer ensuite.

LE PRÉSIDENT. — Accusé, vous jouez sur les mots.

L'ACCUSÉ. — Il n'y a guère que là-dessus que je puisse jouer,[13] dans ma position.

25   LE PRÉSIDENT. — Si vous êtes décidé à n'être pas plus sérieux, brisons là.[14]

L'ACCUSÉ. — Soit,[15] je vais parler.

LE PRÉSIDENT. — Pourquoi avez-vous tué cette malheureuse? Pas pour la voler, puisque vous êtes

30   riche. Pas pour la violer,[16] puisqu'elle vous dégoûtait. Aviez-vous un motif particulier de vengeance?

L'ACCUSÉ. — Aucun.

LE PRÉSIDENT. — Alors, quoi?

L'ACCUSÉ. — Cette femme détenait[17] un genre de

[2] prévenir   avertir (*to warn*)
[3] le système   ici, la tactique
[4] le mutisme   le silence
[5] se renfermer   *to shut oneself up*
[6] faire du tort à   *to wrong, to hurt*
[7] dans la voie   sur le chemin

[8] tenir à   vouloir absolument (*to insist*)

[9] allons-y!   commençons!

[10] une concierge   portière (*who performs various tasks for tenants*)
[11] découper   couper en morceaux ou parties

[12] dame!   évidemment!

[13] il n'y a guère... jouer *there's scarcely anything else I can play with*
[14] brisons là   mettons fin à cette conversation
[15] soit   bon (indique une concession)

[16] violer   *to rape*

[17] détenir   posséder

laideur[18] que les plus énergiques efforts ne m'amenè-
rent[19] jamais à supporter.[20]

LE PRÉSIDENT. — On ne tue pas les gens, et surtout on ne les découpe pas en vingt-huit morceaux,
5 parce qu'ils sont vilains.[21]

L'ACCUSÉ. — Aussi, n'est-ce point pour cela seulement que je l'ai tuée et dépecée...[22]

LE PRÉSIDENT. — Pour quel autre motif, alors?

L'ACCUSÉ. — Cette concierge était si vilaine que
10 j'en avais perdu le boire,[23] le manger, le dormir et le
reste. Partout où je me trouvais et à n'importe quelle
heure, je pensais à sa laideur et m'en angoissais[24]
intolérablement. J'essayai de voyager. Les plus
beaux paysages du monde ne purent me faire
15 oublier — passez-moi le mot[25] — la sale gueule[26] de
ma portière...

LE PRÉSIDENT. — N'aggravez pas votre position
par des trivialités.

L'ACCUSÉ. — On me conseilla de tâter de[27] la sug-
20 gestion. Je me rendis[28] chez l'excellent docteur
Vivier...

LE PRÉSIDENT. — Un charmant garçon.

L'ACCUSÉ, *ironique.* — Charmant! Ce praticien,
au moyen de[29] quelques passes magnétiques,[30] me
25 plongea[31] dans l'hypnose la plus intense et me tint
à peu près ce langage:[32] «Votre concierge, pour l'œil
d'un observateur superficiel, est laide à faire frémir.[33] Mais essayez de la détailler[34] et vous verrez,
vous verrez qu'elle est charmante.» Sous l'empire[35]
30 de cette suggestion, je rentrai chez moi... (*L'accusé
se tait, en proie[36] aux pénibles souvenirs.*)

LE PRÉSIDENT. — Achevez vos confidences.

L'ACCUSÉ, *passant sa main sur son front.* — Je
rentrai chez moi, je pris un grand couteau de
35 cuisine, je descendis chez la concierge et je fis
comme le médecin m'avait dit...

LE PRÉSIDENT. — ???

L'ACCUSÉ. — JE LA DÉTAILLAI![37]

[18] la laideur état de celui qui est laid (*ugliness*)
[19] amener *to bring*
[20] supporter tolérer

[21] vilain laid

[22] dépecer mettre en morceaux (un animal)

[23] en perdre le boire ne plus avoir le désir de boire

[24] s'angoisser se tourmenter

[25] passez-moi le mot pardonnez l'expression
[26] la sale gueule (*pop.*) *that wretched face*

[27] tâter de essayer, explorer
[28] se rendre à aller à

[29] au moyen de par
[30] passes magnétiques *mesmerizing movements of the hands*
[31] plonger ici, mettre complètement
[32] [il] me tint à peu près ce langage *he said to me* (vers de La Fontaine, *Le Corbeau et le Renard*)
[33] à faire frémir (*so ugly*) *she makes you shudder*
[34] détailler ici, considérer les détails (*to study her in detail*)
[35] sous l'empire de sous l'influence de
[36] en proie à tourmenté par

[37] détailler ici, couper en pièces

EXERCICES

I. Exercice de vocabulaire

Remplacez les expressions en italique par des synonymes pris dans le vocabulaire. Attention aux temps et aux sujets des verbes.

un système
en proie à
sous l'empire de
le mutisme
détailler
détenir
supporter
découper
tenir à
se rendre
se renfermer
frémir

1. Pourquoi *voulez-vous absolument* voir ce film puisque tout le monde vous dit qu'il est ennuyeux?
2. Comment le narrateur avait-il pu *tolérer* si longtemps la laideur de sa concierge?
3. *Tourmenté par* la peur, le prisonnier *tremblait* devant le juge.
4. Ce poulet rôti était si beau que personne n'osait le *couper en morceaux.*
5. Le juge pensait que *le silence* de l'accusé était *une tactique* de défense.
6. C'est *sous l'influence de* l'hypnose que l'accusé a commis ce crime effroyable.
7. Comme il est heureux que peu de gens *possèdent* une laideur semblable à celle de cette concierge!
8. Quand on lui pose des questions trop personnelles, il *ne veut plus parler.*

9. Je ne peux pas faire son portrait de mémoire, je n'ai pas *remarqué les détails de* son visage.
10. Pour chercher l'oubli, l'accusé *était allé* au bout du monde.

II. Exercices de grammaire
A. *Infinitives used as nouns*

Complétez les phrases suivantes en mettant les infinitifs convenables.

1. L'accusé voudrait oublier ce dont il *se souvient.*
   L'accusé voudrait oublier ses _____.
2. Lorsqu'on *se tait,* c'est parfois qu'on *ment.*
   _____ c'est parfois _____.
3. D'après ce que *dit* l'accusé, le médecin est le responsable.
   Aux _____ de l'accusé, le médecin est le responsable.
4. Le poète dit que lorsqu'on *part,* on *meurt* un peu.
   _____ c'est _____ un peu.
5. A la campagne, cet homme aime la *chasse* et la *pêche.*
   Il aime _____ et _____.
6. Elle vient d'acheter une machine pour le *lavage* du linge.
   Elle a acheté une machine à _____.
7. Quand on *comprend,* on *pardonne* souvent.
   _____ c'est souvent _____.
8. La *lecture* est sa principale distraction.
   _____ est sa principale distraction.
9. Il tient à ce que son *départ* soit tôt.
   Il tient à _____ tôt.
10. A cause de cette laideur, l'accusé n'avait plus ni *soif,* ni *faim.*
    L'accusé en avait perdu le _____ et le _____.

B. *Agreement of the past participle*

OBSERVE

Vous avez tué votre concierge.
Vous l'avez découpée en morceaux.
La concierge que vous avez tuée n'était pas laide.

The past participle of a verb conjugated with avoir
agrees only with the preceding direct object.

Dans les phrases suivantes, écrivez les participes passés
de façon correcte.

1. Les voyages qu'il a (faire) n'ont pas (apporter) l'oubli.
2. A-t-il (oublier) la laideur de sa concierge?
3. Quelques passes magnétiques l'ont (plonger) dans l'hypnose.
4. Quels motifs a-t-il (donner)?
5. Quelles explications a-t-il (fournir)?
6. C'est la laideur de sa concierge qui l'a (angoisser).
7. Ce sont de pénibles souvenirs qu'il a (revoir).
8. C'est en morceaux qu'il a (découper) sa concierge.

III. Traduction

Traduisez les phrases ci-dessous en vous servant des
expressions suivantes. Il se peut qu'une seule expression
s'emploie dans plus d'une phrase.

chez	détailler
ne... guère	faire tort à
supporter	y tenir
rentrer	

1. The judge told him that his silence would hurt him.
2. Why did you cut her up into twenty-eight pieces?

3. If you insist (on it), I will try to be more serious.
4. I could scarcely bear her ugliness, which tormented me.
5. To forget her, I went to Dr. Vivier.
6. When I returned home, I did what he had told me.

IV. Questions

Répondez aux questions suivantes par des phrases complètes.

1. Quel est d'abord le système de défense de l'accusé?
2. Au nom de la justice, que veut savoir le juge?
3. Quel est le crime de l'accusé?
4. Comment l'accusé se moque-t-il du juge?
5. Pour quelles trois raisons l'accusé aurait-il pu tuer sa concierge?
6. Qu'est-ce qu'il détestait chez sa concierge?
7. Décrivez les symptômes de sa souffrance.
8. Comment a-t-il essayé d'oublier sa concierge?
9. Quel médecin est-il allé consulter?
10. Qu'a fait le médecin?
11. Quelles suggestions a-t-il faites?
12. Comment l'accusé a-t-il suivi ces suggestions?

SACHA GUITRY

Sacha Guitry (1885–1957), fils d'un grand acteur français, a vécu au théâtre depuis son plus jeune âge. Après avoir été chassé de douze collèges et institutions pour absence de travail, il a écrit sa première pièce à l'âge de seize ans. Il a dit lui-même: «Pourquoi apprendre ce qui est dans les livres, puisque ça y est?[1] Apprenez-vous l'annuaire des téléphones ou l'indicateur des chemins de fer?»

[1] ça y est   *it's all there*

Pendant la première moitié du vingtième siècle, plus d'une centaine de pièces divertissent les spectateurs par leur charme, leur verve et leur esprit. Sacha Guitry en est à la fois l'auteur, le metteur en scène[2] et l'acteur principal. Plusieurs de ses pièces sont des biographies d'hommes célèbres: *Pasteur, Talleyrand, Beaumarchais,* parfois en comédie musicale: *Mozart.*

[2] le metteur en scène   *director*

Il a aussi réalisé[3] des films qui repassent fréquemment sur les écrans[4] de la télévision française et sur ceux des clubs de cinéma: *Le Roman d'un tricheur,[5] Remontons les Champs-Élysées, Si Versailles m'était conté.*

[3] réaliser   *to direct*

[4] un écran   *screen*

[5] tricher   *to cheat*

Certaines de ses pièces sont passées au répertoire de la Comédie-Française. D'autres sont reprises par les théâtres commerciaux. C'est par *Deux Couverts* que Sacha Guitry fait son entrée à la Comédie-Française en 1915, pièce en un acte, d'une simplicité toute classique, pleine d'esprit et d'émotion contenue.[6]

[6] contenue   *restrained*

Deux Couverts[1]

Comédie en un acte

*Représentée pour la première fois sur la scène
de la Comédie-Francaise le 30 mars 1914.*

A Georges Courteline que j'aime et que j'admire. — S.G.

Personnages

PELLETIER: MM. M. de Féraudy
JACQUES: Hieronimus
MME BLANDIN: Mme Berthe Cerny
UN VALET DE CHAMBRE: M. Chaize

*Un bureau d'homme qui sert de salon, ou plus
exactement un salon qui sert de bureau à un
homme.*
Une porte au fond. ·
5   *Une porte vitrée[2] s'ouvrant sur la salle à manger, à gauche.*
Une porte à droite au premier plan.[3]
Des livres. Des tableaux Des photographies.

(Au lever du rideau, Pelletier est seul en scène.
10 *Il se promène de long en large.[4] Il regarde sa
montre.)*

PELLETIER. — Six heures et demie! Je n'y comprends rien! *(Il s'assied à son bureau.)* Il ne me
semble pas possible qu'on l'ait fait attendre plus
15 d'une heure. Oui, mais soyons juste... s'il a attendu
une heure, il ne pourra pas être là[5] avant dix
minutes. C'est extrêment difficile d'attendre!...
Lire?... Écrire?... Non. Il devrait y avoir une chose
à faire quand on attend... la même pour tout le
20 monde... et qui ne servirait qu'à cela!... *(Il regarde
sa montre.)* Que c'est long une minute! *(Il sonne.)*
Et dire que les années passent si vite!

[1] deux couverts   une table préparée pour le repas *(meal)* de deux personnes

[2] vitré   avec une vitre *(glass)* comme une fenêtre

[3] au premier plan   *in the foreground*

[4] se promener de long en large   *to pace*

[5] là   *i.e., ici*

(Un instant après, le valet de chambre entre.)

PELLETIER. — Demandez à Marie qu'elle vous donne le menu du dîner.

EMILE. — Bien, monsieur.

5   *(Le valet de chambre sort.)*

PELLETIER, *fouillant*[6] *dans sa poche.* — S'il est reçu...[7] je lui donne cent francs... s'il est refusé,[8] je... les lui donne tout de même!

(Le valet de chambre rentre et présente à
10 *Pelletier le menu.)*

PELLETIER, *l'ayant parcouru.*[9] — Merci. C'est parfait. Dites à Marie qu'elle ne manque[10] pas de servir les perdreaux[11] entiers, n'est-ce pas... je ne veux pas qu'elle les coupe. D'ailleurs priez-la[12] de
15 bien vouloir faire un autre menu sur lequel les truffes[13] ne figureront[14] pas. Ce sera une surprise. Vous avez monté du champagne?

ÉMILE. — Oui, monsieur.

PELLETIER. — Bien. Quelle heure avez-vous?

20 ÉMILE. — Six heures trente-cinq, monsieur.

PELLETIER. — Ah! Bon, bon, bon... j'ai six heures trente-neuf, moi — j'avance!...[15] Chut![16] La porte de l'ascenseur... on va sonner... *(On sonne.)* Ça y est... c'est lui... allez vite!

25 *(Le valet de chambre sort.)*

PELLETIER. — Enfin!... Si on l'a fait attendre une heure, il ne pouvait pas être là plus tôt, pauvre petit.

ÉMILE, *rentrant.* — C'est Mme Blandin, monsieur.

30 PELLETIER. — Comment, c'est... ce n'est pas M. Jacques?

ÉMILE. — Oh! Non, c'est Mme Blandin, monsieur, je suis bien sûr.

PELLETIER. — Mais je... Qu'elle entre. *(Le valet de*
35 *chambre remonte.)* Oh! Pourquoi venir de force![17]

[6] fouiller   chercher

[7] être reçu   avoir passé un examen avec succès

[8] être refusé   ne pas être reçu

[9] parcourir   ici, lire très vite

[10] ne pas manquer de (+ *inf.*)   ne pas omettre, être sûr de

[11] un perdreau   *a partridge*

[12] prier   ici, demander poliment

[13] une truffe   *a truffle*

[14] figurer   se trouver

[15] j'avance   ma montre est en avance

[16] chut!   silence!

[17] de force   sans invitation

(Le valet de chambre a ouvert la porte et s'est effacé[18] devant Mme Blandin qui est entrée.)
PELLETIER. — Bonjour.

(Il ne retire pas les mains de ses poches.)

5   MADAME BLANDIN. — Bonjour.
PELLETIER. — Comment allez-vous?
MADAME BLANDIN. — Bien... Tu m'en veux?[19]
PELLETIER. — Je vous avais demandé de ne pas venir aujourd'hui.
10   MADAME BLANDIN. — En refusant de me dire pourquoi.
PELLETIER. — C'est inexact! Pas «en refusant», non, non, en vous priant de ne pas me demander pourquoi.
15   MADAME BLANDIN. — Je ne vous l'ai pas demandé.
PELLETIER. — Non, c'est vrai, hier vous ne me l'avez pas demandé... seulement, aujourd'hui vous venez pour me surveiller...[20]
MADAME BLANDIN. — Oh!
20   PELLETIER. — Pour me surprendre[21] peut-être...
MADAME BLANDIN. — Oh!
PELLETIER. — Dame! Et vous me surprenez, je vous le jure.[22]
MADAME BLANDIN. — Vous vous trompez, mon
25   ami... je passais devant chez vous...
PELLETIER. — Par hasard?[23]
MADAME BLANDIN. — Oui, par hasard... et je venais tout simplement vous rappeler que vous êtes invité à dîner jeudi chez les Fournier.
30   PELLETIER. — Oh! Oh! Oh!
MADAME BLANDIN. — Quoi?
PELLETIER. — Voyons, voyons, voyons... nous sommes vendredi aujourd'hui... il y a donc samedi, dimanche, lundi, mardi et mercredi d'ici là... cinq
35   jours! Et c'est tout ce que vous avez trouvé pour justifier votre visite?

[18] s'effacer   se mettre en arrière

[19] en vouloir à quelqu'un *to hold a grudge against someone*

[20] surveiller   observer

[21] surprendre   *to catch someone unawares*

[22] jurer   ici, affirmer, assurer

[23] par hasard accidentellement

MADAME BLANDIN. — Je n'ai pas à justifier mes visites.

PELLETIER. — Non... et c'est la première fois que cela vous arrive.

5　MADAME BLANDIN. — Que voulez-vous, depuis une heure que je traîne[24] dans Paris sans savoir où aller...

PELLETIER. — Fallait pas[25] sortir!

MADAME BLANDIN. — J'étais dehors.

10　PELLETIER. — Fallait rentrer!

MADAME BLANDIN. — C'est facile à dire.

PELLETIER. — Ce n'est pas tellement difficile à faire.

MADAME BLANDIN. — Je suis obsédée, littérale-
15　ment obsédée par la pensée que vous pouvez faire une chose que je ne dois pas savoir. Ne m'en veuillez[19] pas trop, que diable![26] l'amour a des droits.

PELLETIER. — Je vous l'accorde, mais il a aussi des devoirs. Et votre amour avait aujourd'hui le
20　devoir de... de...

MADAME BLANDIN. — De vous ficher la paix?[27]

PELLETIER. — Je ne vous le fais pas dire!

MADAME BLANDIN. — Merci bien.

PELLETIER. — Viens là. Écoute-moi. Tu m'as fait
25　jurer[28] hier que ce qui devait nous tenir éloignés l'un de l'autre aujourd'hui était une affaire de famille à laquelle tu ne pouvais pas prendre part. Je te l'ai juré — aie confiance en moi. Tu sais combien je t'aime... tu sais que...

30　MADAME BLANDIN. — Toi aussi, aie confiance en moi... dis-moi ce que tu vas faire...

PELLETIER. — Non — ça ne te regarde pas![29]

MADAME BLANDIN. — Oh...

PELLETIER. — Comprends-le comme je te le dis...
35　et je te le dis très gentiment... ça ne te regarde pas!... Tout ce que tu dois savoir, tu le sais. Alors, sois tranquille.[30]

[24] trainer　*to drag along*

[25] fallait pas　il ne fallait pas

[26] que diable!　après tout!

[27] ficher la paix　laisser en paix, laisser tranquille

[28] jurer　ici, promettre solennellement

[29] ça ne te regarde pas　ça ne te concerne pas

[30] tranquille　ici, rassuré

(Un temps.)

MADAME BLANDIN. — Tu attends quelqu'un?

PELLETIER. — Je ne te répondrai pas!

MADAME BLANDIN. — Tu attends sûrement
5 quelqu'un, car depuis que je suis là tu as regardé
quatre fois la pendule.[31]

PELLETIER. — Non... cinq fois.

MADAME BLANDIN. — Je t'en supplie... rassure-
moi... dis-moi la vérité. Si ça doit me faire de la
10 peine,[32] je préfère le savoir, tant pis!... Dis?... Dis?...
En tout cas, tu peux répondre à cette simple question: Est-ce que ça me ferait de la peine si je savais
ce que tu vas faire?

PELLETIER. — J'espère que non.

15 MADAME BLANDIN. — Un jour, tout de même, tu
me le diras, n'est-ce pas?

PELLETIER. — Oui!

MADAME BLANDIN. Ah!... Quand?

PELLETIER. — Le 21 février 1982!

20 MADAME BLANDIN. — Qu'est-ce que c'est que cette
date?

PELLETIER. — Mon premier centenaire.[33]

(Un temps.)

MADAME BLANDIN. — Sais-tu ce que je crois?

25 PELLETIER. — Non...

MADAME BLANDIN. — Eh! bien, je crois que, tout
ça, c'est un jeu que tu joues pour m'éprouver.[34] Oui
— seulement je te préviens[35] que c'est un jeu
dangereux!... Tu sais que je n'ai pas l'habitude de
30 faire des menaces... mais, d'un autre côté, chacun a
son caractère et il y a des gens nerveux qu'il est
peut-être maladroit de pousser à bout![36]

PELLETIER. — Oui?

MADAME BLANDIN. — Oui!... Qu'on fasse ça à une
35 enfant... qu'on s'amuse à la faire enrager,[37] passe
encore...[38] mais ce genre de plaisanteries n'est plus

[31] la pendule *clock*

[32] faire de la peine faire souffrir

[33] le centenaire le centième anniversaire

[34] éprouver *to test*

[35] prévenir avertir (*to warn, to inform*)

[36] pousser à bout exaspérer

[37] faire enrager tourmenter

[38] passe encore *that's O.K.*

de mon âge. Si tu as réellement l'intention de garder
ton secret jusqu'en dix-neuf cent je ne sais plus
combien... eh! bien, mon ami, garde-le... seulement
moi, je peux te jurer que jamais...

5   PELLETIER. — Assez, Madeleine... cette discussion pourrait mal finir et, vraiment, cela n'en vaut
pas la peine!... Tu me connais assez pour savoir que
rien ne peut me faire parler quand je veux me taire.

MADAME BLANDIN. — Cependant...

10   PELLETIER. — Rien.

MADAME BLANDIN. — Je te donne ma parole
d'honneur que je regrette d'être venue et que je
voudrais ne pas te questionner davantage... mais
c'est plus fort que moi!... Il faut que réellement mon
15   inquiétude soit grande aujourd'hui puisque,
jusqu'à présent, je me suis inclinée,[39] sans les discuter, devant toutes les exigences de notre situation
— ça, reconnais-le... *(Il regarde sa montre.)* Ne
regarde pas tout le temps ta montre... je sais que tu
20   veux que je m'en aille... mais avant de m'en aller,
moi, je veux que tu comprennes bien ceci. Je ne t'ai
jamais reparlé de notre mariage — que je souhaite[40]
tant — depuis que tu m'as fait comprendre qu'il
fallait y renoncer à cause de ton fils. Je tolère donc,
25   par amour, une existence fort peu agréable, tu peux
me croire. Car enfin, je suis fière de toi, tu le sais...
je voudrais t'aimer en pleine lumière... et tout cela
m'est refusé!... Par respect pour ce jeune homme, je
ne peux venir chez toi que clandestinement,[41] de
30   cinq à sept. Enfin, je dois faire taire[42] sans cesse
mon orgueil[43] de femme...

PELLETIER. — Il ne t'obéit guère!

MADAME BLANDIN. — C'est bien — adieu!

(Elle passe devant lui. Il la retient[44] et la prend
35   *dans ses bras.)*

PELLETIER. — Embrasse-moi donc, va — et
calme-toi. En voilà une histoire!

[39] s'incliner   se résigner

[40] souhaiter   désirer,
espérer

[41] clandestinement
secrètement
[42] faire taire   ne pas dire,
supprimer
[43] l'orgueil   grande fierté
(*pride*)

[44] retenir   garder, ne pas
laisser aller

MADAME BLANDIN. — C'est une femme que tu attends?

PELLETIER. — Grosse bête![45]

MADAME BLANDIN. — En tous cas, après le dîner...
5 tu pourrais me retrouver quelque part...

PELLETIER. — Hier déjà je t'ai dit que non.

MADAME BLANDIN. — Alors, c'est que tu ne dînes pas seul?

PELLETIER. — Évidemment!

10 MADAME BLANDIN. — Tu dînes ici, chez toi?

PELLETIER. — Je ne sais pas encore...

(Un temps.)

MADAME BLANDIN. — Je t'aime...

PELLETIER. — Oh! Ça, sûrement...

15 MADAME BLANDIN. — On remue[46] à côté...

PELLETIER. — C'est sans doute Émile qui met le couvert...

MADAME BLANDIN. — Ah...

PELLETIER. — Quoi?

20 MADAME BLANDIN. — Alors tu dînes ici?

PELLETIER. — A demain.

MADAME BLANDIN. — Un instant...

PELLETIER. — Où vas-tu?

MADAME BLANDIN. — Je veux voir quelque chose...

25 PELLETIER. — Madeleine, reste là...

MADAME BLANDIN. — Non, je veux voir quelque chose!

(Elle ouvre la porte de la salle à manger.)

PELLETIER. — Eh! bien, tu vas voir quelque chose
30 — tant pis pour toi!

MADAME BLANDIN, *qui est dans la salle à manger.* — Tiens! Tiens! Tiens!... Et quel menu! Fichtre![47] Du homard,[48] des perdreaux, du champagne... oh! la, la... *(Elle rentre en scène et referme*
35 *la porte de la salle à manger.)* Et seulement deux couverts!

[45] **grosse bête!** (terme affectueux) *foolish one!*

[46] **remuer** bouger, faire du bruit

[47] **fichtre!** exprime l'étonnement ou l'admiration
[48] **le homard** *lobster*

PELLETIER. — Tu n'as pas questionné le valet de chambre?

MADAME BLANDIN. — Oh...

PELLETIER. — Ça viendra!

5 MADAME BLANDIN. — Tu me donnes ta parole d'honneur que ce n'est pas une femme?

PELLETIER. — Je te donne ma parole d'honneur que ce n'est pas une femme.

MADAME BLANDIN. — C'est quelqu'un que tu con-
10 nais très bien?

PELLETIER. — Sait-on jamais!

MADAME BLANDIN. — C'est ton fils?... Hein?... C'est ton fils! Dis! Dis?... Avoue[49] que j'ai deviné, tout de suite... N'est-ce pas que c'est ton fils?...
15 Dis... maintenant que je le sais... Pas?... Dis?... Dis?... Dis?

PELLETIER. — Oui, là!

MADAME BLANDIN. — Ah!... J'en étais certaine!

PELLETIER. — Alors, tu es impardonnable d'être
20 venue!

MADAME BLANDIN. — Non, je plaisante.[50] Non, ça, vraiment, je ne m'en doutais[51] pas le moins du monde!... Je m'en doutais d'autant moins[52] que quand tu as à voir ton fils... il te faut généralement
25 un quart d'heure. Et ce qui m'a empêchée de supposer que ce fût lui... c'est que cette fois-ci, il te faut la journée, le dîner et la soirée... Qu'est-ce qu'il y a donc, mon Dieu... pourquoi ce mystère... et pourquoi ce repas fantastique?

30 PELLETIER. — Oh! Fantastique...

MADAME BLANDIN. — Magnifique en tout cas!... Pourquoi?

PELLETIER. — Tu ne comprendrais pas.

MADAME BLANDIN. — Tu me l'expliqueras.

35 PELLETIER. — Non...

MADAME BLANDIN. — Pourquoi?

PELLETIER. — Je te connais, tu vas rire...

MADAME BLANDIN. — Non, je te le jure.

[49] avouer   confesser, admettre

[50] plaisanter   *to joke*

[51] se douter de   soupçonner (*to suspect*)

[52] d'autant moins que   *all the less because*

PELLETIER. — Ben... heu...

MADAME BLANDIN. — Dis vite...

PELLETIER. — Eh! bien, voilà... Jacques passe aujourd'hui son baccalauréat![53]

5 MADAME BLANDIN. — C'est pour ça?

PELLETIER. — Tu vois!

MADAME BLANDIN. — Oh! Écoute, il n'y a vraiment pas de quoi pleurer.

PELLETIER. — Mais je ne te demande pas de
10 pleurer. Je ne t'ai rien demandé. Et encore une fois j'avais raison — ça ne te regardait pas! Je m'en veux à présent de te l'avoir dit.

(Un temps.)

MADAME BLANDIN. — C'est très important, le
15 baccalauréat?

PELLETIER. — Pas celui des autres... tu vois.

(Un temps.)

MADAME BLANDIN. — Tu l'aimes, hein, ton gosse?[54]

20 PELLETIER. — Ne parlons pas de lui, veux-tu.

(Un temps.)

MADAME BLANDIN. — Dans le fond,[55] tu l'aimes plus que moi.

PELLETIER. — J'en ai peur.

25 MADAME BLANDIN. — C'est charmant!

PELLETIER. — Je suis de ton avis.[56]

(Un temps.)

MADAME BLANDIN. — Tu crois qu'il sera reçu?

PELLETIER. — S'il ne l'est pas là-bas... il le sera ici.

30 *(Un temps.[57] Mme Blandin se lève pour s'en aller.)*

PELLETIER, *approuvant son départ.* — C'est ça...

MADAME BLANDIN. — A demain...

---

[53] passer le baccalauréa (ou le bachot) se présenter à l'examen qui termine les études secondaires

[54] un gosse *(fam.)* un enfant

[55] dans le fond   en réalité

[56] un avis   une opinion

[57] un temps   un silence

PELLETIER. — Tu es fâchée?

MADAME BLANDIN. — Je suis jalouse!

PELLETIER. — Ah! Dame, il y a de quoi!... A demain.

5   *(Pelletier accompagne Mme Blandin qui s'en va.)*

(La scène, un instant, reste vide.)

(Pelletier et le valet de chambre rentrent en scène en même temps, l'un par la porte du fond,
10   *l'autre par la porte de la salle à manger.)*

LE VALET. — Monsieur, Marie voudrait savoir pour quelle heure est le dîner.

PELLETIER. — Je me le demande. Sept heures!... Est-il possible de faire attendre ainsi des enfants...
15   et des parents!... Que voulez-vous, nous dînerons aussitôt que M. Jacques sera là...

LE VALET. — C'est à cause des perdreaux...

(On sonne.)

PELLETIER. — Elle peut les mettre!... Allez
20   ouvrir. Enfin!... C'est toi?

JACQUES, *entrant.* — Oui, papa.

PELLETIER. — Eh! bien?

JACQUES. — Recalé![58]

PELLETIER. — Oh!... Embrasse-moi tout de
25   même![59]

(Jacques embrasse son père.)

PELLETIER. — Mon pauvre petit!... Oh!... Et... quand l'as-tu su?

JACQUES. — Que j'étais recalé?

30   PELLETIER. — Oui.

JACQUES. — A... cinq heures et demie.

PELLETIER. — A cinq heures et demie?

JACQUES. — Oui, papa...

PELLETIER. — Oh! Ce n'est pas possible?

35   JACQUES. — Mais si, papa, pourquoi?

PELLETIER. — Tu sais l'heure qu'il est?

[58] **être recalé**   être refusé à un examen

[59] **tout de meme**   malgré cela

JACQUES. — Oui, il doit être six heures...

PELLETIER. — Non, mon petit, non... il est sept heures cinq. Et j'attends depuis quatre heures!

JACQUES. — Je te demande pardon, papa.

5   PELLETIER. — D'où viens-tu?

JACQUES. — Je... j'ai été... heu...

PELLETIER. — Où as-tu été?

JACQUES. — J'ai été avec des camarades...

PELLETIER. — Oui, mais, où... où as-tu été?

10   JACQUES. — Nous avons été prendre quelque chose...

PELLETIER. — Vous avez été prendre[60] quelque chose. C'est superbe! Et tu n'as pas pensé à moi... tu ne t'es pas souvenu que j'attendais ici le

15   résultat...

JACQUES. — Si, papa... mais le temps a passé si vite...

PELLETIER. — Je ne trouve pas. *(Un temps.)* Assieds-toi, ne reste pas debout. Et, pourquoi as-tu

20   été recalé?

JACQUES. — Ils m'ont posé des questions stupides!

PELLETIER. — Ça m'étonne. Peut-être t'ont-elles semblé stupides parce que tu les ignorais.[61] Quelles

25   sont les questions auxquelles tu as mal répondu?

JACQUES. — D'abord, il m'a posé en histoire une question que je n'avais jamais étudiée...

PELLETIER. — A qui la faute?

JACQUES. — Alors, comme je n'ai pas su répon-

30   dre... il a fait le malin,[62] et il m'a demandé sur un ton vexant si je savais au moins quel avait été le héros de la bataille d'Arc...[63]

PELLETIER. — Et tu as répondu?

JACQUES. — J'ai répondu en rigolant:[64] Jeanne

35   d'Arc!

PELLETIER. — Oui, eh bien, je trouve la réponse plus stupide que la question. En géographie?

JACQUES. — En géographie, il m'a demandé

[60] **prendre**   boire

[61] **ignorer**   ne pas savoir

[62] **faire le malin**   *to show off, to try to be smart*

[63] **la bataille d'Arc**   la bataille d'Arques, en Normandie, 1589

[64] **rigoler** *(fam.)*   rire, plaisanter

quels étaient les principaux fleuves de l'Australie!!!
Comment veux-tu savoir ça!

PELLETIER. — En l'apprenant. Je ne vois pas
d'autre moyen. A plusieurs reprises,[65] cet hiver, mon
5 petit, je t'ai proposé de t'appliquer davantage... tu
ne me semblais pas au point...[66] mais, chaque fois
que je t'en ai fait l'observation, tu m'as juré que
tout «allait très bien...», et ma foi, tu avais fini par
me donner ta confiance. Enfin, c'est fait, c'est fait.
10 Je ne m'exagère pas la gravité de cette aventure,
bien entendu... ce n'est pas un désastre, mais c'est
un avertissement,[67] et je te conseille de donner un
bon coup de collier[68] cet été afin d'être prêt, afin
d'être complètement prêt en octobre prochain. C'est
15 bien en octobre, n'est-ce pas, que tu repasses?

JACQUES. — Oui, on peut se représenter en
octobre.

PELLETIER. — Comment, on peut?... Qu'est-ce
que ça veut dire?

20 JACQUES. — Heu... ben...

PELLETIER. — Parle...

JACQUES. — Ben, ça veut dire que j'aimerais
autant ne pas repasser...

PELLETIER. — Qu'est-ce que tu dis?

25 JACQUES. — Oui, quoi... j'aimerais mieux en
rester là. Moi, je m'en fiche[69] du baccalauréat!

PELLETIER. — Ah! Oui?

JACQUES. — Oui... je ne connais rien de plus
bête[70] que ce truc-là![71]

30 PELLETIER. — Allons donc?

JACQUES. — Ah! La, la!

PELLETIER. — Oui, seulement, moi, je ne m'en
fiche pas du baccalauréat.

JACQUES. — Ça, c'est autre chose!

35 PELLETIER. — Oui, et c'est même une chose qui a
son importance. Mais tout de même, je ne serais pas
fâché de savoir pourquoi tu te fiches du baccalauréat.

[65] à plusieurs reprises plusieurs fois, souvent

[66] au point comme il faut être

[67] un avertissement *warning*

[68] un coup de collier un grand effort

[69] se ficher de *not to give a hang about*

[70] bête stupide

[71] un truc (*fam.*) une chose

JACQUES. — Oh! C'est bien simple... je me suis aperçu aujourd'hui que tous les idiots avaient été reçus!

PELLETIER. — Vraiment?

5   JACQUES. — Oui.

PELLETIER. — Et les élèves intelligents ont tous été refusés?

JACQUES. — Oui!

PELLETIER. — Exemple: toi!

10   JACQUES. — Oui.

PELLETIER. — C'est admirable!

JACQUES. — Moi, je les connais, papa, les camarades de ma classe! Il y en a deux, tiens... Rondel et Debacker, ils ont eu le maximum de points... eh!

15   bien, je n'ai jamais rencontré deux types[72] plus bêtes. Il n'y a pas moyen de causer avec eux cinq minutes.

PELLETIER. — Mais, mon enfant, la vie ne se passe pas en conversations! Tu as d'étranges idées sur

20   l'intelligence... Les deux camarades dont tu parles n'ont peut-être pas ton toupet,[73] ton bagout[74] et ton exubérance... ce sont sans doute des enfants réfléchis[75] et sérieux...

JACQUES. — Ils sont abrutis,[76] tout simplement!

25   Quand on pense qu'ils ont refusé Mareuil!

PELLETIER. — Mareuil? Qui est Mareuil?

JACQUES. — Mareuil, tu sais bien, que je t'ai amené un matin, à déjeuner...

PELLETIER. — Oui, oui, parfaitement. C'est ce

30   jeune homme qui a inventé un aéroplane.

JACQUES. — C'est ça! Eh! bien, ils l'ont recalé parce qu'il ne savait pas qui avait succédé à Pépin le Bref!... Je me demande un peu à quoi ça peut servir de savoir qui a succédé à Pépin le Bref, pour

35   un type qui veut être aviateur!... Veux-tu que je te dise, papa... je suis sûr que Mareuil a du génie!

PELLETIER. — Je n'ai jamais dit le contraire. D'ailleurs, il ne s'agit pas de ton ami Mareuil en ce

[72] un type (*fam.*) *a guy*

[73] le toupet (*fam.*) *nerve*
[74] le bagout (*fam.*) *gift of gab*
[75] réfléchi raisonnable
[76] abruti stupide

moment, il s'agit uniquement de toi. Il est possible
que ton camarade ait du génie... mais, sans vouloir
te désobliger,[77] comme jusqu'à présent, toi, tu ne me
sembles avoir de dispositions géniales dans aucune
5   branche, tu me laisseras le soin, je te prie, de diriger
ton instruction et ton éducation jusqu'à ta majorité.

JACQUES. — Ah! Non!

PELLETIER. — Comment «Ah! Non!...» ?... Est-ce
que tu perds la tête?... Je ne discute pas avec toi,
10   en ce moment... je te renseigne[78] simplement!...

JACQUES. — Je peux tout de même te répondre...

PELLETIER. — Parle-moi autrement, je te prie.
Vas-y... réponds — je t'écoute!...

JACQUES. — J'ai seize ans, n'est-ce pas... or à
15   vingt ans, il faudra que je fasse mon service militaire... et tu crois que je vais rester de seize à vingt-
trois ans sans profiter de la vie?

PELLETIER. — Ne crie pas, c'est inutile!... Je n'ai
pas l'intention de t'empêcher[79] de profiter de la vie...

20   JACQUES. — Est-ce qu'on peut profiter de la vie,
quand on travaille!

PELLETIER. — Oui, petit malheureux!

JACQUES. — Mon intention est d'interrompre,
dès aujourd'hui, mes études!

25   PELLETIER. — Ton intention?

JACQUES. — Oui!

PELLETIER. — Oui, eh! bien, ma volonté à moi est
que tu les termines comme je l'entendrai.[80]

JACQUES. — Mais, papa, laisse-moi t'expliquer...

30   PELLETIER. — Non, assez! A moi de parler maintenant. J'ai vu le fond[81] de ta pensée, et tu m'as fait
connaître ton intention. Tu n'as rien à m'expliquer.
Tu vas maintenant connaître ma pensée et ma
décision. Si tu dois avoir un jour du génie, mon
35   enfant, ton baccalauréat n'en empêchera pas l'éclosion...[82] mais si toute ta vie tu dois rester un cancre,[83] tu auras du moins la possibilité d'entrer aux
Postes et Télégraphes, étant bachelier![84] *(Un temps.)*

[77] désobliger   offenser

[78] renseigner   informer

[79] empêcher   interdire
(to prevent)

[80] entendre   ici, vouloir

[81] le fond   ici, l'essence

[82] l'éclosion   ici, la
naissance, l'apparition
[83] un cancre   un élève
paresseux *(lazy)* et ignorant
[84] un bachelier   celui qui a
été reçu au bachot

Si par malheur, tu refusais d'obéir, je me séparerais
de toi! *(Un temps.)* Ainsi, j'ai passé quinze années
de ma vie à me priver de[85] bien des choses pour te
donner une éducation aussi forte que ma tendresse,
et voilà le fruit de mes peines!...[86] Est-ce que tu te
rends compte[87] de ce que j'ai fait pour toi?

JACQUES. — Oui, quoi... tu as...

PELLETIER. — Oh! Non, ne me dis pas que j'ai fait
ce qu'ont fait les autres pères.

JACQUES. — Tu t'es privé?

PELLETIER. — Oui... mais tu ne t'en es jamais
aperçu.[88] J'ai voulu te le cacher — mais tu aurais pu
le deviner.[89] Nous ne sommes pas aussi riches que
tu le crois — nous ne sommes pas riches. Tu es très
élégant — je le suis beaucoup moins. Je ne me plains
pas...[90] je l'ai voulu... et je ne le regrette pas encore...
Ah! Mon petit bonhomme,[91] tu ne t'es rendu compte
de rien!... Ta mère est morte deux ans après ta naissance... il y a quatorze ans de cela, comprends-tu?

JACQUES. — Quoi?

PELLETIER. — Quoi?... J'avais trente-six ans,
mon petit, et j'en ai cinquante, à présent! J'étais
jeune... je ne le suis plus!... J'ai vieilli pour toi... je
me suis consacré[92] entièrement à toi. Écoute bien...
deux fois j'ai dû me remarier... la première fois, tu
étais trop petit... la seconde fois, tu étais trop grand.
Penses-y de temps en temps...

(Un temps.)
*(Il a l'air d'y penser — mais ce n'est pas à cela
qu'il pense. Il regarde l'heure, puis il se lève,
impitoyable.)*[93]

JACQUES. — Au revoir, papa...

PELLETIER. — Quoi?

JACQUES. — Au revoir, papa.

PELLETIER. — Où vas-tu?

JACQUES. — Je dîne chez Mareuil... et il est sept
heures et demie...

---

[85] **se priver de**   to deprive oneself

[86] **une peine**   ici, une souffrance morale
[87] **se rendre compte**   to *realize*

[88] **s'apercevoir de**   se rendre compte de
[89] **deviner**   *to guess*

[90] **se plaindre**   *to complain*
[91] **un petit bonhomme**   un enfant

[92] **se consacrer**   se dévouer (*to dedicate onself*)

[93] **impitoyable**   sans pitié

PELLETIER. — Ah! Tu dînes chez Mareuil...?

JACQUES. — Oui, papa... ça t'ennuie?[94]

PELLETIER. — Du tout,[95] mon enfant, du tout... c'est tout naturel — ça doit être sûrement naturel.

5   JACQUES. — Et toi?

PELLETIER. — Moi?... Oh! Mon petit, ça se trouve[96] bien... je ne dîne pas seul.

JACQUES. — Ah?

PELLETIER. — Oui... regarde toi-même! *(Il ouvre*
10 *la porte de la salle à manger.)* Tu peux lire le menu... tu vas voir que je ne dîne pas seul. D'ailleurs... regarde... deux couverts...

JACQUES, *surpris et presque vexé.* — Au revoir, papa... à demain...

15   PELLETIER. — A demain, mon petit... *(Jacques embrasse son père et sort.)* Et il me fait la tête![97]

(Et après avoir pensé qu'il pourrait peut-être téléphoner à Mme Blandin, et après y avoir renoncé, Pelletier entre dans la salle à manger, en
20 *disant:)*

Émile, vous pouvez servir...

(Rideau)

[94] ennuyer   contrarier
(to annoy)
[95] du tout   pas du tout
(not at all)

[96] se trouver   ici, arriver
être

[97] faire la tête   *to sulk*

EXERCICES (1)

I. Exercice de vocabulaire

Remplacez les tirets par un des mots ci-dessous.

éprouver
parcourir
pousser à bout
s'incliner
en voulez
manquez
surveillez
plaisantez
refusé
fouillé
flâné
reçu

1. La météo annonce qu'il pleuvra toute la journée.
   Ne _____ pas de prendre votre parapluie.
2. Vous lui _____ encore? Vous avez tort, ce n'était
   qu'une plaisanterie pour vous faire enrager.
3. Je ne sais si je dois vous croire, vous _____
   toujours.
4. Je ne peux retrouver mes clés, pourtant j'ai _____
   toutes mes poches.
5. _____ les enfants pendant mon absence. Ne les
   laissez pas sortir.
6. Je n'ai pas eu le temps de lire ce roman. Je n'ai
   pu qu'en _____ les premiers chapitres.
7. J'ai tant _____ par les rues que j'étais en retard
   pour mon rendez-vous.
8. Qu'il soit _____ ou _____ à l'examen, Jacques
   sera bien accueilli par son père.
9. A cause de Jacques, Mme Blandin n'exigeait plus le
   mariage, elle avait accepté de _____.
10. Mme Blandin est venue pour _____ l'amour de
    Pelletier mais elle ne veut pas le _____.

II. Traduction

Traduisez les phrases suivantes en employant les expressions données.

manquer de	c'est... à (+ *inf.*)	servir de
d'autant plus que	il devrait y avoir	se douter de
faire de la peine	valoir la peine	en vouloir à

1. That is easy to say but difficult to do.
2. There ought to be a better way to kill time.
3. Does your classroom also serve as a laboratory (*un laboratoire*)?
4. If Jacques comes, don't fail to give them to him.
5. An ungrateful (*ingrat*) son hurts Pelletier all the more because he is no longer young.
6. Is this meal for you and another woman? I suspected it.
7. Do you hold it against me because I am here?
8. This discussion could continue, but it really isn't worthwhile.

III. Exercice de grammaire
Using the subjunctive

> *The subjunctive of a verb must be used in clauses that depend upon main verbs expressing*
>
> 1. *an attitude, such as a wish or command, or a necessity* (il faut, désirer, vouloir, souhaiter, permettre, *etc.*): Tu veux que je m'en aille?
> 2. *an emotion or feeling* (être content, avoir peur, s'étonner, *etc.*): Elle est surprise que le homard soit sur le menu.
> 3. *a doubt, uncertainty, negation* (douter, ne pas croire, il est possible, ne pas espérer, *etc.*): Il est possible que ton camarade ait du génie.

Mettez les verbes entre parenthèses soit au présent de l'indicatif ou au subjonctif.

1. Il faudra que Jacques (faire) son service militaire.
2. Pelletier ne croit pas que son fils (être) reçu au baccalauréat.
3. Il espère que son fils (être) reçu au bachot.
4. Mme Blandin s'étonne que Pelletier (vouloir) fêter son fils.
5. Pelletier juge que son fils ne (apprendre) pas assez.
6. Pelletier jure à Mme Blandin qu'il ne (attendre) pas une femme.
7. Cependant il souhaite que Mme Blandin (partir) bientôt.
8. Il est possible que Pelletier (avoir) du chagrin en dînant seul.
9. Pelletier croit que Mme Blandin ne le (comprendre) pas.
10. Pelletier demande à Mme Blandin qu'elle ne (venir) pas.

IV. Questions

Répondez aux questions suivantes.

1. Comment voit-on que Pelletier est impatient au début de la pièce?
2. Comment voudrait-il calmer son impatience?
3. Quel est le menu du repas?
4. Pourquoi les truffes ne figurent-elles pas au menu?
5. Comment Pelletier montre-t-il à Mme Blandin que sa visite le contrarie?
6. Mme Blandin justifie sa visite par deux raisons. Lesquelles?
7. Pourquoi est-elle vraiment venue?
8. Quand Pelletier satisfera-t-il sa curiosité? Pourquoi cette date?
9. Pourquoi l'existence de Mme Blandin est-elle peu agréable?
10. Comment Pelletier calme-t-il Mme Blandin?
11. Pourquoi regarde-t-elle dans la salle à manger?
12. Pour qui le baccalauréat est-il important?
13. De qui Mme Blandin est-elle jalouse?

EXERCICES (2)

I. Exercices de vocabulaire

A. Complétez les phrases ci-dessous, en utilisant les mots suivants.

> renseigner
> se consacrer
> être reçu
> désobliger
> se plaindre
> être recalé
> empêcher
> ennuyer
> un bachelier
> le lycée

1. Pour s'inscrire à l'université, il faut _____ au baccalauréat.
2. Cet examen national ne termine pas automatiquement les études faites au _____.
3. On sait qu'un cancre peut s'attendre à _____ au bachot.
4. Il est inutile alors de _____.
5. Si l'on veut se présenter de nouveau, il faut _____ à ses études.
6. Le père ne veut pas _____ son fils en doutant de son ami.
7. Pelletier désire seulement _____ son fils et non discuter avec lui.
8. Jacques sait que son intention d'interrompre ses études va _____ son père.
9. Un baccalauréat ne peut _____ l'éclosion du génie de Jacques.
10. Sans être _____, Sacha Guitry a tout de même eu une magnifique carrière.

B. Ajoutez les expressions idiomatiques aux phrases suivantes.

> vous la faites enrager
> vous faites le malin
> vous faites la tête
> vous lui fichez la paix
> vous marchez de long en large
> vous la poussez à bout
> vous prendrez bien quelque chose
> cela ne vous regarde pas
> vous vous rendez compte
> vous lui en voulez

1. Vous avez étudié l'ensemble du problème; vous vous apercevez de toutes les conséquences de cette action: _____.
2. Vous vous promenez d'un côté, puis de l'autre, en revenant sur vos pas, généralement pendant une attente: _____.
3. Vous n'avez pas pardonné à quelqu'un qui vous a offensé: _____.
4. Vous persistez par des paroles ou par des actes jusqu'à ce que l'autre personne soit en colère: _____.
5. Vous ne tourmentez plus cette personne, vous la laissez tranquille: _____.
6. Écoutez, mon ami, mes problèmes sont les miens, je n'ai besoin ni de vos commentaires ni de vos conseils: _____.
7. Vous avez bien le temps et l'envie de boire un verre avec nous: _____.
8. Vous prétendez que vous êtes plus intelligent, plus fort ou plus spirituel que vous ne l'êtes réellement: _____.
9. Vous ne cessez pas de dire ou de faire des choses désagréables pour rendre cette personne furieuse: _____.
10. Vous avez été si contrarié ou si déçu que vous ne cachez pas votre mécontentement: _____.

II. Exercice de grammaire
Agreement of the past participle

A. *The past participle of a verb conjugated with* être *must agree with the subject.*
Tous les idiots ont été reçus.

B. *The past participle of a verb used reflexively agrees only with a preceding direct object.*
Mme Blandin et Pelletier se sont fait des promesses.
Où sont les promesses qu'ils s'étaient faites?

In the first example, the direct object promesses *follows the verb. In the second example, the direct object* que, *referring to* promesses, *precedes the verb.*

Écrivez les phrases suivantes au passé composé. Faites attention à l'accord des participes passés.

1. Tout à coup, Jacques (se souvenir) que son père l'attendait.
2. La vie que Jacques (se proposer) ne plaît pas à son père.
3. Jamais le père ne (se plaindre) de ses sacrifices pour sa famille.
4. Mme Blandin, elle, (se rendre compte) de ces sacrifices.
5. Devant les exigences de la situation, Mme Blandin (s'incliner).
6. Tous les sacrifices que Pelletier (se rappeler) étaient pour son fils.
7. Tous les bons élèves (s'appliquer).
8. Jacques (s'éloigner) de son père.
9. Mme Blandin (se rappeler) tout à coup une invitation prochaine.
10. Elle (rester) jusqu'à ce qu'elle apprenne l'explication des deux couverts.

III. Questions

Répondez aux questions suivantes par des phrases complètes.

1. A quoi voyez-vous l'affection de Pelletier pour son fils quand ce dernier arrive?
2. Pourquoi le temps a-t-il passé plus vite pour le fils que pour le père?
3. Comment Jacques a-t-il répondu aux questions d'histoire?
4. A celles de géographie?
5. Que conseille le père à son fils pour l'automne prochain?
6. Pourquoi Jacques ne veut-il pas se représenter au bachot?
7. Que pense Jacques des deux camarades qui ont été reçus?
8. Quel a été le résultat de l'examen pour son ami de génie?
9. Pourquoi Jacques veut-il cesser ses études?
10. Quels sacrifices le père a-t-il faits pour son fils?
11. Pourquoi Jacques, à son tour, regarde-t-il la pendule?
12. Pourquoi Jacques fait-il la tête en partant?

IV. Sujets de composition ou discussion

1. Faites le portrait moral de Pelletier et donnez des preuves de son affection pour son fils, de sa générosité, de sa courtoisie, de sa dignité et aussi, peut-être, de sa faiblesse pour Jacques.
2. Imaginez la soirée et les pensées de Mme Blandin, seule chez elle.
3. Racontez la soirée de Jacques avec son ami.
4. Imaginez la discussion entre deux étudiants, l'un qui veut interrompre ses études, l'autre qui veut les poursuivre.

PAUL VERLAINE

Paul Verlaine (1844–1896) est né à Metz, près de la frontière belge, mais arrive très jeune avec ses parents à Paris où il fait ses études au lycée.

Très tôt, il fréquente les cafés littéraires et publie ses premiers poèmes. Après une enfance heureuse, cet être faible est vite dominé par l'alcoolisme, avec des actes de violence contre ses proches,[1] et le vagabondage. Il se marie avec une très jeune fille qu'il quitte bientôt pour une vie tumultueuse et dissipée avec le jeune poète Arthur Rimbaud. Ils se disputent et se séparent souvent; Verlaine blesse[2] son ami d'une balle de revolver, ce qui le fait condamner à deux ans de prison en Belgique en 1873. Sa vie oscille entre des désirs de vie paisible et heureuse, des aspirations religieuses sincères et la débauche.

[1] ses proches *people close to him*

[2] blesser *to wound*

Verlaine est déjà reconnu comme un grand poète par les écrivains de son temps (Courteline, Barrès, Mallarmé). L'apparente simplicité de sa poésie montre une grande maîtrise de l'effet des rythmes et des sons (la musique). Abandonnant la rhétorique, l'éloquence, les longues confessions des romantiques et l'objectivité un peu froide des parnassiens, les œuvres de Verlaine expriment les souffrances et les aspirations de son âme dans une poétique nouvelle et fraîche:

De la musique avant toute chose,

. . .

Rien de plus cher que la chanson grise
Où l'Indécis au Précis se joint.

. . .

De la musique encore et toujours.

Art Poétique (1873)

(Turn to page 182 for a note on French versification.)

Il pleure dans mon cœur...

Il pleut doucement sur la ville. — ARTHUR RIMBAUD

Il pleure dans mon cœur
Comme il pleut sur la ville.
Quelle est cette langueur[1]
Qui pénètre mon cœur?

5 O bruit doux de la pluie
Par terre et sur les toits!
Pour un cœur qui s'ennuie,[2]
O le chant de la pluie!

Il pleure sans raison
10 Dans ce cœur qui s'écœure.[3]
Quoi! nulle trahison?[4]
Ce deuil[5] est sans raison.

C'est bien la pire peine
De ne savoir pourquoi,
15 Sans amour et sans haine,
Mon cœur a tant de peine.

[1] la langueur douce mélancolie

[2] s'ennuyer *to be bored*

[3] s'écœurer se dégoûter (*to be dejected, to be sickened*)
[4] la trahison *betrayal, perfidy*
[5] le deuil grande tristesse (*mourning*)

EXPLICATION DE TEXTE

I. Forme

1. Combien de strophes a ce poème?
2. Combien de syllabes dans chaque vers?
3. Étudiez la disposition des rimes de chaque strophe.
4. Ce poème fait partie d'un groupe intitulé *Ariettes oubliées*. Par la lecture, exprimez avec les sons et les vers toute la mélancolie de cette petite chanson.

II. Analyse

1. Quelle est l'analogie entre le cœur du poète et le paysage?
2. Aime-t-il ou déteste-t-il la pluie?
3. Sait-il la raison de son deuil? Justifiez votre réponse par des expressions du texte.

Mon Rêve familier[1]

[1] familier   ici, habituel, fréquent

Je fais souvent ce rêve étrange et pénétrant
D'une femme inconnue, et que j'aime, et qui m'aime,
Et qui n'est, chaque fois, ni tout à fait la même
Ni tout à fait une autre, et m'aime et me comprend.

5 Car elle me comprend, et mon cœur, transparent
Pour elle seule, hélas! cesse[2] d'être un problème
Pour elle seule, et les moiteurs[3] de mon front blême,[4]
Elle seule les sait rafraîchir,[5] en pleurant.

[2] cesser   s'arrêter (to cease)
[3] la moiteur   légère transpiration (perspiration)
[4] blême   blanc, pâle
[5] rafraîchir   rendre plus frais, plus froid
[6] roux   reddish-brown

Est-elle brune, blonde ou rousse?[6] — Je l'ignore.
10 Son nom? Je me souviens qu'il est doux et sonore
Comme ceux des aimés que la Vie exila.

Son regard est pareil au regard des statues,
Et, pour sa voix, lointaine, et calme, et grave, elle a
L'inflexion[7] des voix chères qui se sont tues.[8]

[7] une inflexion   une modulation, un changement de voix
[8] se taire   ne plus parler

EXPLICATION DE TEXTE

I. Forme

1. Ce poème est un sonnet classique. Combien de vers a chaque strophe?
2. Chaque vers est un alexandrin: combien de syllabes?
3. Quelle est l'ordonnance des rimes dans les deux quatrains (strophe de quatre vers)?
4. Que remarquez-vous d'autre sur les rimes des deux quatrains?
5. Quelle est la disposition des rimes dans les deux tercets (strophe de trois vers)?

II. Analyse

1. A qui Verlaine rêve-t-il souvent?
2. Que désire surtout le poète dans la femme aimée?
3. Comment se manifeste l'amour de la femme pour le poète?
4. Que savons-nous de l'apparence physique de cette femme?
5. Quelles qualités de cette femme sont révélées par son nom? son regard? sa voix?
6. En quoi ce rêve est-il étrange et pénétrant?

Le ciel est, par-dessus le toit...

Le ciel est, par-dessus le toit,
    Si bleu, si calme!
Un arbre, par-dessus le toit
    Berce[1] sa palme.[2]

5 La cloche, dans le ciel qu'on voit,
    Doucement tinte.[3]
Un oiseau sur l'arbre qu'on voit
    Chante sa plainte.[4]

Mon Dieu, mon Dieu, la vie est là,
10   Simple et tranquille,
Cette paisible[5] rumeur-là[6]
    Vient de la ville.

    — Qu'as-tu fait, ô toi que voilà
    Pleurant sans cesse,[7]
15 Dis, qu'as-tu fait, toi que voilà,
    De ta jeunesse?

[1] bercer agiter doucement (to rock, to sway)
[2] une palme ici, une branche
[3] tinter sonner lentement
[4] une plainte une lamentation
[5] paisible calme
[6] une rumeur un bruit vague et confus
[7] sans cesse continuellement

EXPLICATION DE TEXTE

I. Forme

1. Combien de strophes a ce poème?
2. Combien de syllabes ont les vers de chaque strophe?
3. Comment sont disposées les rimes de chaque strophe?
4. Quelle est la particularité des rimes du premier et du troisième vers des strophes dans tout le poème?

II. Analyse

1. Que voit le poète par la fenêtre de sa prison?
2. Qu'entend-il?
3. Il est seul dans sa cellule. Comment sait-il que les hommes sont près de la prison?
4. Relevez les mots et expressions qui expriment le calme et la douceur.
5. Quels deux symboles de liberté relevez-vous dans ce poème?
6. Qu'est-ce qui lui fait penser à Dieu?
7. A qui s'adresse-t-il dans la dernière strophe?
8. Quels sont alors ses sentiments?

ALPHONSE DAUDET

Alphonse Daudet (1840–1897) passe une jeunesse peu heureuse dans différentes provinces du sud de la France. A Paris, il devient le secrétaire du demi-frère de Napoléon III, écrit des contes pour les journaux et publie des vers.

Il écrit un roman autobiographique: *Le Petit Chose* (1868), plusieurs grands romans: *Jack* (1876), *Le Nabab* (1877), *L'Évangéliste* (1883), *Sapho* (1884) et deux œuvres fantaisistes: *Tartarin de Tarascon* (1872) et *Tartarin sur les Alpes* (1885) où le héros est un personnage burlesque, Tartarin, qui raconte des exploits imaginaires et finit par croire ses propres histories.

Dans ses peintures de la vie et des êtres humains, Daudet est à la fois un artiste et un poète. A la façon des autres naturalistes, il écrit une œuvre objective; pourtant on sent constamment son émotion et sa sensibilité, même lorsqu'elles ne sont pas exprimées.

Son chef-d'œuvre reste un recueil de contes: *Lettres de mon moulin* (1866), d'où sont tirés les deux textes contenus dans cet ouvrage.

La Mort du Dauphin[1]

Le petit Dauphin est malade, le petit Dauphin va mourir... Dans toutes les églises du royaume, le Saint-Sacrement[2] demeure exposé nuit et jour et de grands cierges[3] brûlent pour la guérison[4] de l'enfant
5 royal. Les rues de la vieille résidence sont tristes et silencieuses, les cloches ne sonnent plus, les voitures vont au pas...[5] Aux abords du[6] palais, les bourgeois curieux regardent, à travers les grilles,[7] des suisses[8] à bedaines[9] dorées qui causent[10] dans
10 les cours d'un air important.

Tout le château est en émoi...[11] Des chambellans,[12] des majordomes, montent et descendent en courant les escaliers de marbre... Les galeries sont pleines de pages et de courtisans en habits de
15 soie qui vont d'un groupe à l'autre quêter[13] des nouvelles à voix basse. Sur les larges perrons,[14] les dames d'honneur éplorées[15] se font de grandes révérences[16] en essuyant leurs yeux avec de jolis mouchoirs brodés.[17]

20 Dans l'Orangerie,[18] il y a nombreuse assemblée de médecins en robe. On les voit, à travers les vitres,[19] agiter leurs longues manches noires et incliner doctoralement leurs perruques[20] à marteaux...[21] Le gouverneur[22] et l'écuyer[23] du petit
25 Dauphin se promènent devant la porte, attendant les décisions de la Faculté.[24] Des marmitons[25] passent à côté d'eux sans les saluer. M. l'écuyer jure[26] comme un païen,[27] M. le gouverneur récite des vers d'Horace... Et pendant ce temps-là, là-bas,
30 du côté des écuries,[28] on entend un long hennissement[29] plaintif. C'est l'alezan[30] du petit Dauphin que les palefreniers[31] oublient et qui appelle tristement devant sa mangeoire[32] vide.

[1] le dauphin le premier fils d'un roi
[2] le Saint-Sacrement the Blessed Sacrament
[3] un cierge a church candle
[4] la guérison cure
[5] aller au pas aller lentement
[6] aux abords de près de
[7] les grilles iron bars (which surround the palace)
[8] un suisse un garde en bel uniforme
[9] une bedaine (fam.) paunch
[10] causer parler
[11] en émoi agité
[12] un chambellan chamberlain
[13] quêter demander
[14] un perron step
[15] éploré désolé, en pleurs
[16] une révérence un salut cérémonieux (a bow)
[17] brodé embroidered
[18] l'orangerie la grande salle où sont les orangers en pot
[19] une vitre windowpane
[20] une perruque wig
[21] à marteaux avec des boucles (locks of hair)
[22] le gouverneur le professeur qui instruit un jeune prince
[23] un écuyer professeur d'équitation (of horse riding)
[24] la Faculté ici, les médecins
[25] un marmiton un aide-cuisinier (cook's helper)
[26] jurer ici, blasphémer
[27] un païen un homme sans religion
[28] une écurie stable
[29] un hennissement le cri du cheval (neighing)
[30] un alezan un cheval brun (chestnut horse)
[31] un palefrenier un garçon d'écurie
[32] une mangeoire food bin

Et le roi! Où est monseigneur[33] le roi?... Le roi s'est enfermé tout seul dans une chambre, au bout du château... Les Majestés n'aiment pas qu'on les voie pleurer... Pour la reine, c'est autre chose...

5   Assise au chevet[34] du petit Dauphin, elle a son beau visage baigné de larmes, et sanglote[35] bien haut devant tous, comme ferait une drapière.[36]

Dans sa couchette de dentelles,[37] le petit Dauphin, plus blanc que les coussins[38] sur lesquels il

10   est étendu, repose, les yeux fermés. On croit qu'il dort; mais non. Le petit Dauphin ne dort pas... Il se retourne vers sa mère, et voyant qu'elle pleure, il lui dit:

«Madame la Reine, pourquoi pleurez-vous?

15   Est-ce que vous croyez bonnement[39] que je m'en vas[40] mourir?»

La reine veut répondre. Les sanglots l'empêchent de parler.

«Ne pleurez donc pas, madame la reine; vous

20   oubliez que je suis le Dauphin, et que les Dauphins ne peuvent pas mourir ainsi...»

La reine sanglote encore plus fort, et le petit Dauphin commence à s'effrayer.[41]

«Holà, dit-il, je ne veux pas que la mort vienne

25   me prendre, et je saurai bien l'empêcher d'arriver jusqu'ici... Qu'on fasse venir sur l'heure[42] quarante lansquenets[43] très forts pour monter la garde[44] autour de notre lit!... Que cent gros canons veillent[45] nuit et jour, mèche[46] allumée, sous nos

30   fenêtres! Et malheur à la mort, si elle ose s'approcher de nous!...»

Pour complaire à l'enfant royal, la reine fait un signe. Sur l'heure, on entend les gros canons qui roulent dans la cour; et quarante grands lans-

35   quenets, la pertuisane[47] au poing,[48] viennent se ranger[49] autour de la chambre. Ce sont de vieux soudards[50] à moustaches grises. Le petit Dauphin

[33] monseigneur titre honorifique pour un personnage éminent

[34] le chevet *bedside*

[35] sangloter *to sob*

[36] une drapière *here, a common woman*
[37] la dentelle *lace*
[38] le coussin *pillow*

[39] bonnement franchement

[40] je m'en vas (*fam.*) je m'en vais

[41] s'effrayer s'alarmer

[42] sur l'heure immédiatement
[43] un lansquenet un soldat mercenaire
[44] monter la garde *to stand guard*
[45] veiller *to stand by*
[46] une mèche *match*

[47] une pertuisane une arme ancienne
[48] le poing *fist*
[49] se ranger *to line up*
[50] un soudard un soldat mercenaire

bat des mains en les voyant. Il en reconnaît un et l'appelle:

«Lorrain! Lorrain!»

Le soudard fait un pas[51] vers le lit:

5   «Je t'aime bien, mon vieux Lorrain... Fais voir un peu ton grand sabre... Si la mort veut me prendre, il faut la tuer, n'est-ce pas?»

Lorrain répond:

«Oui, monseigneur.»

10   Et il a deux grosses larmes qui coulent sur ses joues tannées.[52]

A ce moment, l'aumônier[53] s'approche du petit Dauphin et lui parle longtemps à voix basse en lui montrant un crucifix. Le petit Dauphin l'écoute

15   d'un air fort étonné, puis tout à coup l'interrompant:

«Je comprends bien ce que vous me dites, monsieur l'abbé: mais enfin est-ce que mon petit ami Beppo ne pourrait pas mourir à ma place, en lui

20   donnant beaucoup d'argent?...»

L'aumônier continue à lui parler à voix basse, et le petit Dauphin a l'air de plus en plus étonné.

Quand l'aumônier a fini, le petit Dauphin reprend[54] avec un gros soupir:

25   «Tout ce que vous me dites là est bien triste, monsieur l'abbé; mais une chose me console, c'est que là-haut, dans le paradis des étoiles, je vais être encore le Dauphin... Je sais que le bon Dieu est mon cousin et ne peut pas manquer[55] de me traiter selon

30   mon rang.»

Puis il ajoute, en se tournant vers sa mère:

«Qu'on m'apporte mes plus beaux habits, mon pourpoint[56] d'hermine[57] blanche et mes escarpins[58] de velours! Je veux me faire brave pour les anges et

35   entrer au paradis en costume de Dauphin.»

Une troisième fois, l'aumônier se penche vers le petit Dauphin et lui parle longuement à voix basse...

[51] faire un pas   avancer

[52] tanné   *tanned, as of leather*
[53] l'aumônier   le chapelain

[54] reprendre   continuer, recommencer

[55] ne pas manquer de   *not to fail to*

[56] un pourpoint   ancien vêtement d'homme (*doublet*)
[57] l'hermine   précieuse fourrure blanche (*ermine*)
[58] des escarpins   des souliers (*shoes*) élégants

Au milieu de son discours, l'enfant royal l'inter-
rompt avec colère:

«Mais alors, crie-t-il, d'être Dauphin, ce n'est
rien du tout!»

Et, sans vouloir plus rien entendre, le petit
Dauphin se tourne vers la muraille,[59] et il pleure
amèrement.[60]

[59] la muraille   un grand mur
[60] amèrement   tristement

EXERCICES

I. Exercices de vocabulaire

A. Classez les mots suivants selon qu'ils se rapportent au vocabulaire du cheval, de la maison, de l'église, de l'étoffe, de la tristesse.

une muraille	une écurie	le velours
un escalier	pleurer	un abbé
les pleurs	un hennissement	un écuyer
les larmes	une mangeoire	hennir
éploré	un perron	un sanglot
un soupir	un cierge	sangloter
un palefrenier	un aumônier	la soie
la dentelle	la broderie	des cloches

B. Choisissez l'expression idiomatique qui peut compléter les phrases correctement.

1. faire un pas / aller au pas / être dans un mauvais pas / faire un faux-pas
   a. Nos chevaux ont longtemps galopé, maintenant il vaut mieux _____.
   b. Se trouver dans une situation difficile, c'est _____.
   c. Avancer quelque peu ou progresser, c'est _____.
   d. Commettre une faute dans ses relations personnelles, c'est _____.

2. monter la garde / prendre garde / être sur ses gardes / avoir la garde de
   a. On recommande aux enfants de faire attention ou de _____ en traversant la rue.
   b. Il n'a aucune confiance dans ces gens et préfère _____.
   c. Cette femme est trop malade pour _____ ces enfants.

d. Les soldats sont venus _____ au chevet du dauphin.

C. Choisissez l'expression idiomatique qui correspond aux définitions données.

1. manquer / manquer de (+ infinitive) / manquer de (+ noun) / ne pas manquer de (+ infinitive) / manquer à
   a. Être très près d'un accident ou d'un malheur = _____.
   b. Ne pas être présent en classe = _____.
   c. Ne pas faire son devoir (*duty*) = _____.
   d. Ne pas avoir d'argent = _____.
   e. Être sûr de fermer la porte à clé = _____.

2. ranger / déranger / arranger / se ranger / s'arranger
   a. Se mettre en ligne ou selon un certain ordre = _____.
   b. Mettre les choses à leur place habituelle = _____.
   c. Placer certaines choses avec un ordre particulier = _____.
   d. Être satisfait ou se mettre d'accord après quelques difficultés = _____.
   e. Déplacer les choses qui étaient en ordre = _____.

II. Exercice de grammaire
Using the subjunctive

> *The subjunctive in an indirect command, introduced by* que *(sometimes omitted) with the verb in the third person, is found with some frequency in this story. Its meaning in English is usually indicated by* let, may, have . . .: Qu'on fasse venir sur l'heure quarante soldats!
>
> *This construction may also express a possibility* (even if, whether . . . or): Que les gardes viennent ou non, la mort approche.

Mettez les verbes entre parenthèses au subjonctif.

1. Mon Dieu, que votre volonté (être) faite!
2. Que le dauphin (guérir)!
3. Que le petit dauphin (pouvoir) guérir!
4. Qu'on ne (voir) pas pleurer Sa Majesté!
5. Que le dauphin n'(interrompre) pas l'aumônier!
6. Que les voitures (aller) au pas dans la ville!
7. La mort est égalitaire, qu'il l'(apprendre)!
8. Qu'il (être) le dauphin ou non, il lui faudra mourir.
9. Qu'il (pleuvoir) ou qu'il (faire) beau, les rues sont tristes.
10. Que le dauphin (accepter) la mort ou qu'il la (craindre), sa venue est certaine.

III. Traduction

Traduisez les phrases suivantes en employant le subjonctif.

1. Let my friend die in my place.
2. May your will be done.
3. (May) Long live the king!
4. Whether the doctor sees him or not, he will die.
5. The chaplain is in the palace? Have him come to see me right away.

IV. Questions

Répondez aux questions suivantes avec des phrases complètes.

A. *La tristesse par le royaume et dans le château*

1. Que fait-on par tout le royaume pour la guérison du dauphin?
2. Quel est l'aspect de la ville autour du château?

3. Que font les courtisans?
4. Les dames d'honneur?
5. Les médecins?
6. Le gouverneur du dauphin?
7. Son écuyer?
8. Pourquoi son cheval est-il triste?
9. Où est le roi?
10. Où est la reine?

B. *Le dauphin et la mort*

1. Comment le dauphin veut-il empêcher la mort de venir?
2. Que doit lui dire l'aumônier en lui montrant un crucifix?
3. Si la mort est inévitable, que suggère le dauphin?
4. Que pensez-vous que l'aumônier lui dise alors à voix basse?
5. Quel est le dernier espoir du dauphin?
6. Que demande-t-il?
7. Que doit lui murmurer l'aumônier en se penchant vers lui?
8. Que fait alors le dauphin?

V. Sujet de composition ou discussion

Par naïveté, égoïsme et vanité, expliquez les illusions du dauphin. Quelle est celle qui vous semble la plus choquante? Quelle est la désillusion la plus cruelle pour le dauphin?

GEORGES DUHAMEL

Georges Duhamel (1884–1966) est né à Paris. Il y
fait des études littéraires et scientifiques. Docteur
en médecine, il travaille d'abord dans un
laboratoire de biologie avant de devenir chirurgien
dans l'armée française pendant la Première Guerre
Mondiale.

C'est par la poésie et le théâtre que Duhamel
commence sa carrière littéraire. Les souffrances
infligées à l'homme par la guerre, ainsi que sa
profonde compassion pour l'être humain, lui font
écrire les deux œuvres qui le rendent célèbre: *La
Vie des martyrs* (1917) et *Civilisation* (1918).

Entre les deux guerres mondiales, ses romans
décrivent[1] la société de son temps et les problèmes   décrire *to describe*
moraux imposés par les circonstances de la vie et
les rapports humains: *La Confession de minuit*
(1920), *Le Journal de Salavin* (1927) et la
Chronique des Pasquier (1933–1945), roman-
fleuve[2] en dix volumes, en partie autobiographique.   [2] roman-fleuve saga
                                                          (*family saga*)

Toute l'œuvre de Duhamel montre sa
sympathie et sa compassion pour les hommes,
leurs problèmes et leurs souffrances. Son
humanisme se voit aussi dans les courts récits
suivants choisis parmi les *Fables de mon jardin*.

Les Confitures[1]

Le jour que nous reçûmes la visite de l'économiste, nous faisions justement nos confitures de cassis, de groseille et de framboise.[2]

L'économiste, aussitôt, commença de m'expliquer avec toutes sortes de mots, de chiffres et de formules, que nous avions le plus grand tort[3] de faire nos confitures nous-mêmes, que c'était une coutume du moyen âge, que, vu[4] le prix du sucre, du feu, des pots et surtout de notre temps, nous avions tout avantage[5] à manger les bonnes conserves[6] qui nous viennent des usines,[7] que la question semblait tranchée,[8] que, bientôt, personne au monde ne commettrait plus jamais pareille faute[9] économique.

— Attendez, monsieur! m'écriai-je. Le marchand me vendra-t-il ce que je tiens[10] pour le meilleur et le principal?

— Quoi donc? fit l'économiste.

— Mais l'odeur, monsieur, l'odeur! Respirez: la maison tout entière est embaumée.[11] Comme le monde serait triste sans l'odeur des confitures!

L'économiste, à ces mots, ouvrit des yeux d'herbivore.[12] Je commençais de m'enflammer.[13]

— Ici, monsieur, lui dis-je, nous faisons nos confitures uniquement pour le parfum. Le reste n'a pas d'importance. Quand les confitures sont faites, eh bien! monsieur, nous les jetons.[14]

J'ai dit cela dans un grand mouvement lyrique et pour éblouir[15] le savant. Ce n'est pas tout à fait vrai. Nous mangeons nos confitures, en souvenir de leur parfum.

[1] la confiture *jam, preserves*

[2] le cassis, la groseille, la framboise *black currant, currant, raspberry*

[3] avoir tort faire une faute (*to be wrong*)

[4] vu... en considérant...

[5] nous avions avantage à *it was to our advantage to*
[6] une conserve *preserves*
[7] une usine *factory*
[8] tranché ici, résolu, décidé
[9] pareille faute la même erreur

[10] tenir pour considérer

[11] embaumé parfumé

[12] des yeux d'herbivore *vacant stare* (herbivore: une vache)
[13] s'enflammer s'enthousiasmer, s'exalter

[14] jeter *to throw away*

[15] éblouir *to dazzle, to impress*

EXERCICES

I. Exercices de vocabulaire

A. Choisissez l'expression correcte parmi les mots entre parenthèses, d'après le texte.

1. (Le médecin, L'économiste, Le parfumeur) nous a fait visite.
2. Il a dit que notre moyen de faire les confitures était une coutume (ancienne, assez récente, du moyen âge).
3. Il recommande que nous mangions les confitures qui viennent (des usines, d'une confiserie, de Paris).
4. J'espère que vous ne commettrez plus jamais (mille, pareille, autre) faute économique.
5. Le marchand ne me vendra pas (que, ce que, celui que) je tiens pour le meilleur.
6. (Comme, Tant que, Bien que) le monde serait triste sans l'odeur des confitures!
7. Ici nous faisons nos confitures uniquement pour (le goût, le parfum, nous amuser).
8. Quand les confitures sont faites, monsieur, nous les (mangeons, mettons en réserve, jetons).

B. Remplacez les expressions en italique par les antonymes. Faites les changements nécessaires.

garder   acheter
toujours   l'époque actuelle
la ferme   avoir raison
hébéter   se calmer

1. Vous *avez tort* de lui parler de cette façon.
2. Il nous a expliqué que c'était une coutume du *moyen âge*.
3. Les conserves qui viennent des *usines* sont les meilleures.
4. Il *ne* commettra *plus jamais* pareille faute.

5. Le marchand *vendra* ce que je tiens pour le meilleur.
6. Je commençais de *m'enflammer.*
7. Quand les confitures sont faites, nous les *jetons.*
8. J'ai dit cela pour *éblouir* l'économiste.

C. Remplacez les tirets par l'un des mots ou expressions suivants.

> tient
> tient pour
> juste
> justement
> enflammer
> s'enflammer
> jette
> rejette
> avez tort
> avez avantage

1. Vous ne pouvez pas _____ ce bois dans la cheminée, il est resté dehors sous la pluie.
2. C'est le parfum que le narrateur _____ l'essentiel dans la fabrication des confitures.
3. L'économiste _____ la confection des confitures à la maison comme une coutume du moyen âge.
4. L'économiste déclare: «Vous _____ à consommer les conserves des usines».
5. Le raisonnement de l'économiste était _____, mais il ne considérait ni la saveur, ni le parfum.
6. L'écrivain ne _____ pas ses confitures après les avoir faites.
7. L'incompréhension de l'économiste force l'écrivain à _____ et à déclarer qu'il ne fait des confitures que pour l'odeur.
8. Vous me demandiez des nouvelles de mon ami; le voici _____ qui vient nous voir.
9. L'économiste _____ des propos sur les chiffres et les formules.
10. «Vu le coût du sucre et le prix de votre temps, vous _____ de faire vos confitures,» dit l'économiste.

II. Questions

Répondez aux questions suivantes par des phrases complètes.

1. Que faisait la famille de l'écrivain lorsque l'économiste est arrivé?
2. Pourquoi l'économiste pense-t-il que c'est une coutume du moyen âge?
3. D'où viennent les confitures achetées chez l'épicier?
4. Qu'économise-t-on en achetant les conserves à l'épicerie?
5. Quelle comparaison importante l'économiste ne fait-il pas entre les confitures commerciales et celles préparées à la maison?
6. Qu'est-ce que l'épicier ne peut pas vendre?
7. Pourquoi l'économiste ouvre-t-il des yeux d'herbivore?
8. Pourquoi cette famille fait-elle ses confitures?
9. Que dit le narrateur pour éblouir l'économiste?
10. Ces gens jettent-ils vraiment leurs confitures?

Tuer

Des oignons que trie[1] le jardinier s'envole un papillon[2] de velours[3] fauve.[4] La main jaillie,[5] le jardinier rabat[6] l'animal au sol et l'écrase[7] tranquillement.

5   — Était-ce bien nécessaire?

Le jardinier me regarde et répond avec force:
— Pour jardiner, il faut tuer.

Ce n'est pas une proposition,[8] c'est un axiome. Je devrais pourtant le connaître. Je tue, comme 10 tout le monde, c'est-à-dire comme tous les amateurs[9] de jardins. Je tue certaines herbes et certains animaux.

Je ne le fais pas de bon cœur.[10] Je ne le fais pas, surtout, de manière systématique. Je suis un 15 mauvais jardinier. Certains jours, à la vue des ravages,[11] au spectacle des dévastations, je me sens armé de colère. Il faut vraiment reconnaître que les limaces[12] ont de l'effronterie:[13] elles coupent un jeune dahlia, puis, quand il est tombé, plutôt 20 que de s'en repaître,[14] elles en vont couper un autre. Alors je prends l'échardonnette[15] et je pars, soulevé[16] d'une grande fureur justicière.

Certains jours, je suis accablé[17] d'une compassion qui ressemble à la fatigue, peut-être même 25 au dégoût.[18] Les petits limaçons,[19] particulièrement, m'inclinent[20] à la clémence. Ils dévorent sans le moindre scrupule nos clématites[21] à grandes fleurs. Ils sont tout aussi fâcheux[22] que les loches[23] les plus gloutonnes.[24] Mais ils ont des couleurs 30 charmantes. Ils sont naïfs, presque élégants. Ils ne m'inspirent pas de rancune.[25]

De longues minutes, je rêve, le petit limaçon entre les doigts. Je n'ai pas envie de tuer. Non, décidément, aujourd'hui, je voudrais que tout le

[1] trier *to sort*
[2] un papillon *butterfly*
[3] le velours *velvet*
[4] fauve de couleur jaune orangé (*tawny*)
[5] jailli ici, levé
[6] rabattre faire retomber (*to knock down*)
[7] écraser *to crush*

[8] une proposition... un axiome *premise . . . fact*

[9] un amateur celui qui aime quelque chose

[10] de bon cœur avec plaisir

[11] le ravage la dévastation

[12] une limace *slug*
[13] l'effronterie l'impudence

[14] se repaître de manger (pour un animal)
[15] une échardonnette long couteau de jardinage (*weed hook*)
[16] soulevé ici, animé
[17] accablé *weighed down; overwhelmed*
[18] le dégoût la répulsion
[19] un limaçon un escargot (*snail*)
[20] incliner ici, inciter, pousser
[21] la clématite *clematis, woody vine*
[22] aussi fâcheux que *as bad as*
[23] une loche *slug*
[24] glouton qui mange excessivement
[25] la rancune *resentment*

monde fût heureux. Je me sens pénétré[26] d'une
tendresse universelle.

Alors, d'un geste libéral et pour ne pas mériter
les reproches de mon jardinier, j'envoie[27] le petit
5   limaçon par-dessus la haie,[28] dans le potager[29] du
voisin.

[26] **pénétré**   rempli

[27] **envoyer**   ici, jeter
[28] **une haie**   *hedge*
[29] **un potager**   un jardin de
légumes

EXERCICES

I. Exercice de grammaire

> *The preposition* de *often has the meaning in English of* with *or* by, *especially with a past participle:* Je me sens armé de colère.

Traduisez les phrases suivantes. Elles sont dans le texte.

1. I leave, animated by a great fury.
2. Some days I am overwhelmed by a compassion that resembles fatigue.
3. They do not inspire me with resentment.
4. I feel penetrated with a universal tenderness.
5. Then, with a liberal gesture, I sent the little snail (*le limaçon*) into the neighbor's garden.

II. Traduction

En vous servant du vocabulaire ci-dessous, traduisez les phrases suivantes.

de bon cœur
jardiner
un axiome
le limaçon
aussi... que
écraser
avoir envie de

1. It's a fact that in order to garden it is necessary to kill.
2. I should know that this is true, but I cannot do it willingly.

3. Would you crush a butterfly as calmly as that gardener?
4. Snails are naive little animals, and I like them because they have charming colors.
5. I have one in my fingers, but I have no desire to kill it.

III. Exercice de vocabulaire

Écrivez de nouveau ces phrases en remplaçant les mots et expressions en italique par des synonymes. Faites les changements nécessaires.

un axiome	de bon cœur
un ravage	trier
un potager	dévorer
une effronterie	soulever
une haie	jeter
un dégôut	écraser

1. Ses parterres de fleurs sont superbes, mais il a négligé son *jardin de légumes.*
2. Le narrateur se débarrasse des escargots en les *envoyant* dans le jardin voisin.
3. Les pâturages de Normandie sont séparés les uns des autres par des *bordures de petits arbres.*
4. Les limaces *mangent toutes* les fleurs.
5. Les limaces ont *l'impudence* de couper plusieurs dahlias pour en manger un seul.
6. Devant les *dévastations*, l'écrivain se sent *animé* d'une grande colère justicière.
7. «Le tout est plus grand que la partie», voilà *ce qu'on ne peut démontrer.*
8. L'auteur a *de la répugnance* pour l'action de tuer.
9. Le jardinier doit *mettre les gros oignons d'un côté, les petits de l'autre.*
10. C'est *avec plaisir* que je vous aiderais à jardiner, mais pas pour *tuer* les papillons.

IV. Questions

Répondez aux questions suivantes par des phrases complètes.

1. Qu'est-ce que le jardinier fait du papillon?
2. Pourquoi l'écrivain tue-t-il?
3. Est-il un bon jardinier?
4. **Pourquoi se sent-il quelquefois armé de fureur?**
5. Comment les petites limaces font-elles tant de ravages?
6. Quels sentiments incitent l'auteur à la clémence?
7. Quels sont les ravages des escargots?
8. Pourquoi les escargots n'inspirent-ils pas de rancune à l'écrivain?
9. Pourquoi l'écrivain ne laisse-t-il pas l'escargot dans son propre jardin?
10. Comment se manifeste la générosité de l'auteur quand il se sent pénétré d'une tendresse universelle?

V. Sujet de composition ou discussion

Tuer ou ne pas tuer?

Expliquez le dilemme de l'écrivain. C'était un amateur de jardin, mais il était aussi humaniste et médecin.

GUY DE MAUPASSANT

Guy de Maupassant (1850–1893) est né en Normandie. Il y passe sa jeunesse, pouvant observer de
près la vie des nobles de provinces et les mœurs[1]
des paysans normands.

les mœurs *customs*

Venu à Paris en 1870, il travaille sans
enthousiasme dans un ministère, fréquente les
endroits où l'on s'amuse et aussi les salons
littéraires. Il écrit d'abord des poèmes, puis des
romans, guidé et corrigé par le grand écrivain
Flaubert, ami de sa mère.

Sa première nouvelle en 1880 a beaucoup de
succès et il se consacre[2] à une carrière littéraire.
Pendant onze ans il publie alors une œuvre
immense et durable: six romans, dont *Une Vie*
(1883), *Bel-Ami* (1885), *Fort comme la mort* (1889),
et quelque trois cents nouvelles et contes, dans
lesquels il dépeint le monde des nobles et celui des
bourgeois, la vie des humbles employés de la ville
et les milieux paysans.

se consacrer *to dedicate oneself*

Ses contes sont rapides, concis, d'un style direct
et naturel. Il veut atteindre[3] la vérité, mais «une
vérité choisie et expressive» qui ne donne pas «la
photographie banale de la vie, mais… la vision plus
complète, plus saisissante, plus probante[4] que la
réalité même» [préface du roman *Pierre et Jean*
(1883)]. Ses contes demeurent les modèles du genre
et sont traduits dans beaucoup de langues
étrangères.

atteindre *to reach*

probant *convincing*

Décoré!

Des gens naissent avec un instinct prédominant, une vocation ou simplement un désir éveillé,[1] dès qu'ils commencent à parler, à penser.

5 M. Sacrement n'avait, depuis son enfance, qu'une idée en tête, être décoré. Tout jeune, il portait des croix[2] de la Légion d'honneur[3] en zinc comme d'autres enfants portent un képi[4] et il donnait fièrement la main à sa mère, dans la rue, en bombant[5] sa petite poitrine[6] ornée[7] du ruban 10 rouge et de l'étoile de métal.

Après de pauvres études[8] il échoua[9] au bacca-lauréat, et, ne sachant que faire, il épousa une jolie fille, car il avait de la fortune.

Ils vécurent à Paris comme vivent des bourgeois 15 riches, allant dans leur monde,[10] sans se mêler au monde,[11] fiers de la connaissance d'un député qui pouvait devenir ministre, et amis de deux chefs de division.[12]

Mais la pensée, entrée aux premiers jours de sa 20 vie dans la tête de M. Sacrement, ne le quittait plus et il souffrait d'une façon continue de n'avoir point le droit de montrer sur sa redingote[13] un petit ruban de couleur.

Les gens décorés qu'il rencontrait sur le boule-25 vard lui portaient un coup au cœur.[14] Il les regardait de coin avec une jalousie exaspérée. Parfois, par les longs après-midi de désœuvrement[15] il se mettait à les compter. Il se disait: «Voyons, combien j'en trouverai de la Madeleine[16] à la rue Drouot.»

30 Et il allait lentement, inspectant les vêtements, l'œil exercé[17] à distinguer le petit point rouge. Quand il arrivait au bout[18] de sa promenade, il s'étonnait toujours des chiffres: «Huit officiers,[19] et dix-sept chevaliers.[20] Tant que ça! C'est stupide

[1] éveiller *to awaken, to arouse*

[2] la croix *the cross*
[3] La Légion d'honneur ordre national, créé par Bonaparte en 1802, pour récompenser les services civils et militaires (ruban rouge)
[4] un képi *peaked cap worn by soldiers*
[5] bomber redresser (*to straighten*)
[6] la poitrine *chest*
[7] orné *adorned, decorated*
[8] de pauvres études des études médiocres
[9] échouer *to fail*
[10] leur monde les gens du même milieu
[11] le monde la haute société
[12] un chef de division *head of a department*

[13] une redingote *frock coat*

[14] porter un coup au cœur faire de la peine; rendre triste
[15] le désœuvrement l'inaction
[16] la Madeleine *famous church in Paris*
[17] exercé habitué
[18] au bout à la fin
[19] officier le grade au-dessus de chevalier
[20] chevalier le grade inférieur de la Légion d'honneur

de prodiguer les croix d'une pareille façon. Voyons si j'en trouverai autant au retour.»

Et il revenait à pas lents, désolé quand la foule pressée[21] des passants pouvait gêner ses recherches,
5   lui faire oublier quelqu'un.

Il connaissait les quartiers[22] où on en trouvait le plus. Ils abondaient au Palais-Royal. L'avenue de l'Opéra ne valait pas la rue de la Paix; le côté droit du boulevard était mieux fréquenté[23] que le gauche.
10   Ils semblaient aussi préférer certains cafés, certains théâtres. Chaque fois que M. Sacrement apercevait un groupe de vieux messieurs à cheveux blancs arrêtés au milieu du trottoir, et gênant[24] la circulation, il se disait: «Voici des officiers de la
15   Légion d'honneur!» Et il avait envie de les saluer.

Les officiers (il l'avait souvent remarqué) ont une autre allure[25] que les simples chevaliers. Leur port de tête est différent. On sent bien qu'ils possèdent officiellement une considération plus haute, une
20   importance plus étendue.[26]

Parfois aussi une rage saisissait M. Sacrement, une fureur contre tous les gens décorés; et il sentait pour eux une haine de socialiste.

Alors, en rentrant chez lui, excité par la rencon-
25   tre de tant de croix, comme l'est un pauvre affamé[27] après avoir passé devant les grandes boutiques de nourriture, il déclarait d'une voix forte: «Quand donc, enfin, nous débarrassera-t-on[28] de ce sale[29] gouvernement?» Sa femme surprise, lui demandait:
30   «Qu'est-ce que tu as aujourd'hui?»

Et il répondait: «J'ai que je suis indigné par les injustices que je vois commettre partout. Ah! que les communards[30] avaient raison!»

Mais il ressortait[31] après son dîner, et il allait
35   considérer les magasins de décorations. Il examinait tous ces emblèmes de formes diverses, de couleurs variées. Il aurait voulu les posséder tous, et, dans une cérémonie publique, dans une immense salle

[21] **pressé**   *in a hurry*

[22] **un quartier**   une partie d'une ville (*section*)

[23] **mieux fréquenté** *patronized by a higher class*

[24] **gêner**   rendre plus difficile

[25] **une allure**   *bearing*

[26] **étendu**   ici, grand

[27] **un affamé**   *a hungry person*

[28] **débarrasser**   *to get rid of*
[29] **sale**   ici, misérable (*rotten*)

[30] **les communards**   les révolutionnaires de Paris en 1871
[31] **ressortir**   sortir de nouveau

pleine de monde, pleine de peuple émerveillé, marcher en tête[32] d'un cortège, la poitrine étincelante, zébrée de brochettes alignées l'une sur l'autre, suivant la forme de ses côtes,[33] et passer gravement, le claque[34] sous le bras, luisant[35] comme un astre[36] au milieu des chuchotements[37] admiratifs, dans une rumeur de respect.

Il n'avait, hélas! aucun titre pour aucune décoration.

Il se dit: «La Légion d'honneur est vraiment par trop difficile pour un homme qui ne remplit aucune fonction publique.[38] Si j'essayais de me faire nommer officier d'Académie!»[39]

Mais il ne savait comment s'y prendre.[40] Il en parla à sa femme qui demeura stupéfaite.[41]

«Officier d'Académie? Qu'est-ce que tu as fait pour cela?»

Il s'emporta:[42] «Mais comprends donc ce que je veux dire. Je cherche justement ce qu'il faut faire. Tu es stupide par moments.»

Elle sourit: «Parfaitement, tu as raison. Mais je ne sais pas, moi!»

Il avait une idée: «Si tu en parlais au député Rosselin, il pourrait me donner un excellent conseil. Moi, tu comprends que je n'ose guère aborder[43] cette question directement avec lui. C'est assez délicat, assez difficile; venant de toi, la chose devient toute naturelle.»

Mme Sacrement fit ce qu'il demandait. M. Rosselin promit d'en parler au ministre. Alors Sacrement le harcela.[44] Le député finit par lui répondre qu'il fallait faire une demande et énumérer ses titres.[45]

Ses titres? Voilà. Il n'était pas même bachelier.

Il se mit cependant à la besogne[46] et commença une brochure traitant: «Du droit du peuple à l'instruction.» Il ne la put achever par pénurie[47] d'idées.

---

[32] **en tête... brochettes** *leading a procession, his chest bedecked with medals and ribbons*
[33] **une côte** *rib*
[34] **un claque** *top hat*
[35] **luisant** brillant
[36] **un astre** une étoile (*star*)
[37] **un chuchotement** *a whisper*

[38] **remplir une fonction publique** avoir un poste officiel
[39] **officier d'Académie** un homme décoré des Palmes Académiques (ruban violet)
[40] **s'y prendre** *to go about it*
[41] **stupéfait** très surpris

[42] **s'emporter** se mettre en colère

[43] **aborder une question** commencer à en parler

[44] **harceler** tourmenter (*to pester, to harass*)

[45] **un titre** *academic degree*

[46] **la besogne** le travail

[47] **la pénurie** *poverty, lack*

Il chercha des sujets plus faciles et en aborda
plusieurs successivement. Ce fut d'abord: «L'instruction des enfants par les yeux.» Il voulait qu'on
établît dans les quartiers pauvres des espèces de
5 théâtres gratuits[48] pour les petits enfants. Les
parents les y conduiraient dès leur plus jeune âge,
et on leur donnerait là, par le moyen d'une lanterne
magique,[49] des notions de toutes les connaissances
humaines. Ce seraient de véritables cours. Le regard
10 instruirait le cerveau,[50] et les images resteraient
gravées dans la mémoire rendant, pour ainsi dire,
visible la science.

Quoi de plus simple que d'enseigner ainsi l'histoire universelle, la géographie, l'histoire naturelle,
15 la botanique, la zoologie, l'anatomie, etc., etc.?

Il fit imprimer ce mémoire[51] et en envoya un
exemplaire à chaque député, dix à chaque ministre,
cinquante au président de la République, dix également à chacun des journaux parisiens, cinq aux
20 journaux de province.

Puis il traita la question des bibliothèques des
rues, voulant que l'État fît promener par les rues des
petites voitures pleines de livres, pareilles aux
voitures des marchands d'oranges. Chaque habitant
25 aurait droit à dix volumes par mois en location,[52]
moyennant un sou d'abonnement.[53]

«Le peuple, disait M. Sacrement, ne se dérange[54]
que pour ses plaisirs. Puisqu'il ne va pas à l'instruction, il faut que l'instruction vienne à lui, etc.»

30 Aucun bruit ne se fit autour de ces essais. Il
adressa cependant sa demande.[55] On lui répondit
qu'on prenait note, qu'on instruisait.[56] Il se crut sûr
du succès; il attendit. Rien ne vint.

Alors il se décida à faire des démarches[57] person-
35 nelles. Il sollicita une audience[58] du ministre de
l'Instruction publique, et il fut reçu par un attaché
de cabinet tout jeune et déjà grave, important même,
et qui jouait, comme d'un piano d'une série de petits

[48] gratuit   sans payer

[49] la lanterne magique
picture viewer

[50] le cerveau   *brain*

[51] un mémoire   *report*

[52] en location   *on loan*
[53] un sou d'abonnement
*through a low-cost
subscription*
[54] se déranger   *to stir,
to trouble oneself*

[55] il adressa sa demande
*nevertheless he applied for
his decoration*
[56] instruire   ici, examiner,
étudier
[57] faire des démarches   *to
take steps*
[58] une audience   un rendez-
vous avec un personnage
important

boutons blancs pour appeler les huissiers[59] et les garçons de l'antichambre ainsi que les employés subalternes. Il affirma au solliciteur[60] que son affaire était en bonne voie[61] et il lui conseilla de continuer
5   ses remarquables travaux.

Et M. Sacrement se remit à l'œuvre.[62]

M. Rosselin, le député, semblait maintenant s'intéresser beaucoup à son succès, et il lui donnait même une foule de[63] conseils pratiques, excellents.
10   Il était décoré d'ailleurs, sans qu'on sût quels motifs lui avaient valu[64] cette distinction.

Il indiqua à Sacrement des études nouvelles à entreprendre,[65] il le présenta à des Sociétés savantes[66] qui s'occupaient de points de science particu-
15   lièrement obscurs, dans l'intention de parvenir[67] à des honneurs. Il le patronna[68] même au ministère.

Or, un jour, comme il venait déjeuner chez son ami (il mangeait souvent dans la maison depuis plusieurs mois) il lui dit tout bas[69] en lui serrant la
20   main: «Je viens d'obtenir pour vous une grande faveur. Le comité des travaux historiques vous charge d'une mission. Il s'agit de recherches à faire dans diverses bibliothèques de France.»

Sacrement, défaillant,[70] n'en put manger ni
25   boire. Il partit huit jours plus tard.

Il allait de ville en ville, étudiant les catalogues, fouillant[71] en des greniers[72] bondés de bouquins poudreux,[73] en proie[74] à la haine des bibliothécaires.

Or, un soir, comme il se trouvait à Rouen, il
30   voulut aller embrasser sa femme qu'il n'avait point vue depuis une semaine; et il prit le train de neuf heures qui devait le mettre à minuit chez lui.

Il avait sa clef. Il entra sans bruit, frémissant[75] de plaisir, tout heureux de lui faire cette surprise.
35   Elle s'était enfermée,[76] quel ennui![77] Alors il cria à travers la porte: «Jeanne, c'est moi!»

Elle dut avoir grand'peur, car il l'entendit sauter du lit et parler comme dans un rêve. Puis elle courut

[59] un huissier   celui qui annonce les visiteurs chez un ministre
[60] le solliciteur   *i.e.*, M. Sacrement
[61] en bonne voie   sur le bon chemin
[62] se remettre à l'œuvre   recommencer son travail

[63] une foule de   beaucoup de

[64] lui avait valu   *had made him worthy of*

[65] entreprendre   commencer
[66] savant   érudit
[67] parvenir   atteindre (*to reach*)
[68] patronner   recommander

[69] dire tout bas   chuchoter (*to whisper*)

[70] défaillant   *about to swoon*

[71] fouiller   chercher
[72] le grenier   *attic*
[73] bondé de bouquins poudreux   *full of dusty old books*
[74] en proie à   tourmenté par

[75] frémir   trembler

[76] s'enfermer   *to lock oneself in*
[77] quel ennui   ici, *how annoying*

à son cabinet de toilette,[78] l'ouvrit et le referma, traversa plusieurs fois sa chambre dans une course rapide, nu-pieds,[79] secouant[80] les meubles dont les verreries sonnaient. Puis, enfin, elle demanda:

5 «C'est bien toi, Alexandre?»

Il répondit: «Mais oui, c'est moi, ouvre donc!»

La porte céda,[81] et sa femme se jeta sur son cœur en balbutiant:[82] «Oh! quelle terreur! quelle surprise, quelle joie!»

10 Alors, il commença à se dévêtir,[83] méthodiquement, comme il faisait tout. Et il reprit sur une chaise, son pardessus[84] qu'il avait l'habitude d'accrocher[85] dans le vestibule. Mais, soudain, il demeura stupéfait. La boutonnière[86] portait un
15 ruban rouge!

Il balbutia: «Ce... ce... ce paletot[87] est décoré!»

Alors sa femme, d'un bond,[88] se jeta sur lui, et lui saisissant dans les mains le vêtement: «Non... tu te trompes...[89] donne-moi ça.»

20 Mais il le tenait toujours par une manche,[90] ne le lâchant[91] pas, répétant dans une sorte d'affolement.[92] «Hein?... Pourquoi?... Explique-moi?... A qui ce pardessus?... Ce n'est pas le mien, puisqu'il porte la Légion d'honneur?»

25 Elle s'efforçait[93] de le lui arracher,[94] éperdue,[95] bégayant:[96] «Écoute... écoute... donne-moi ça... je ne peux pas te dire... c'est un secret... écoute.»

Mais il se fâchait,[97] devenait pâle: «Je veux savoir comment ce paletot est ici! Ce n'est pas le mien.»

30 Alors, elle lui cria dans la figure: «Si, tais-toi, jure-moi... écoute... eh bien, tu es décoré!»

Il eut une telle secousse[98] d'émotion qu'il lâcha le pardessus et alla tomber dans un fauteuil.

«Je suis... tu dis... je suis... décoré.

35 — Oui... c'est un secret, un grand secret...»

Elle avait enfermé dans une armoire le vêtement glorieux, et revenait vers son mari, tremblante et pâle. Elle reprit: «Oui, c'est un pardessus neuf que

[78] le cabinet de toilette *la salle de bain*

[79] nu-pieds *sans souliers (barefoot)*

[80] secouant... sonnaient *shaking the furniture so that the glasses rattled*

[81] céder *here, to open*

[82] en balbutiant *exclaiming haltingly*

[83] se dévêtir *se déshabiller (to undress)*

[84] un pardessus *un manteau d'homme*
[85] accrocher *to hang*
[86] la boutonnière *buttonhole*

[87] un paletot *un manteau court*
[88] d'un bond *très vite*
[89] se tromper *faire une erreur*

[90] une manche *sleeve*

[91] lâcher *to let go*

[92] l'affolement *l'agitation*

[93] s'efforcer de *faire des efforts pour*
[94] arracher *to snatch*
[95] éperdu *affolé (desperate)*
[96] bégayer *balbutier (to stammer)*
[97] se fâcher *se mettre en colère*

[98] une secousse *un choc*

je t'ai fait faire. Mais j'avais juré de ne te rien dire.
Cela ne sera pas officiel avant un mois ou six
semaines. Il faut que ta mission soit terminée. Tu ne
devais le savoir qu'à ton retour. C'est M. Rosselin
5   qui a obtenu ça pour toi...»

Sacrement, défaillant, bégayait: «Rosselin...
décoré... Il m'a fait décorer... moi... lui... Ah!...»

Et il fut obligé de boire un verre d'eau.

Un petit papier blanc gisait[99] par terre, tombé de   [99] gisait   ici, était
10 la poche du pardessus. Sacrement le ramassa,
c'était une carte de visite. Il lut: «Rosselin — député.»

«Tu vois bien», dit la femme.

Et il se mit à pleurer de joie.

15 Huit jours plus tard l'*Officiel* annonçait que M.
Sacrement était nommé chevalier de la Légion
d'honneur, pour services exceptionnels.

13 novembre 1883.

EXERCICES

I. Exercice de grammaire

Personal object pronouns le, la, les, lui, leur, y, en

EXAMPLES

Il se mettait à compter *les gens décorés.*
Il se mettait à *les* compter.

Si tu parlais *de cela* au député...
Si tu *en* parlais au député...

Elle s'efforçait d'arracher *le pardessus à son mari.*
Elle s'efforçait de *le lui* arracher.

Les parents conduiraient *leurs enfants aux théâtres gratuits.*
Les parents *les y* conduiraient.

Donnez *la Légion d'honneur à M. Sacrement.*
Donnez-*la-lui.*

Dans les phrases suivantes, remplacez les compléments par des pronoms personnels.

1. Il avait échoué *au baccalauréat.*
2. Il chercha *des sujets faciles.*
3. Il s'est mis *à la besogne.*
4. Il demandait *de vieux bouquins aux bibliothécaires.*
5. Il a parlé *de ses projets à son député.*
6. La femme ne pouvait pas dire *ce secret à son mari.*
7. Il admirait *les gens décorés sur le trottoir.*
8. Vivait-il *de sa fortune?*
9. Avait-il envoyé *son mémoire aux députés?*
10. Envoyez *le mémoire au président de la République.*
11. Demandez *de vieux bouquins au bibliothécaire.*
12. Remettez-vous *à l'œuvre!*

II. Exercices de vocabulaire

A. Complétez les phrases par les noms suivants.

un abonnement	la location	la poitrine
l'allure	la brochure	une secousse
une audience	le cerveau	le quartier
la boutonnière	le chuchotement	

1. Dans les églises et dans les bibliothèques, on ne peut parler que par _____.
2. On porte les rubans de décoration à _____ et les médailles sur _____.
3. Quand on ne peut acheter les numéros d'une revue dans les kiosques, il vaut mieux avoir _____.
4. J'habite le même _____ que lui dans cette ville, cependant je ne le rencontre jamais.
5. On peut éprouver _____ à cause d'une grande joie subite ou une souffrance soudaine.
6. Avant de partir visiter ce pays lointain, lisez _____ de son bureau de tourisme.
7. On remarque souvent d'abord _____ d'une personne avant de détailler son visage.
8. Lorsqu'on ne peut être propriétaire, on doit négocier _____ d'une maison.
9. On donne un rendez-vous à un ami mais on sollicite _____ d'une personne importante.
10. _____ et ses facultés mentales sont momentanément affectés par un grand choc.

B. Remplacez les tirets par le mot convenable. (Il y a deux mots en trop.)

bondé	fouillé	fréquenté
bégayer	accrocher	ramassé
chuchoter	abonner	harcelé
déranger	s'y prendre	affamé
désœuvré	s'emporter	arracher

1. Sacrement avait l'habitude d'_____ son pardessus au vestiaire.

2. Il est préférable de _____ si vous ne voulez pas que les autres entendent.
3. Le train était _____, il n'y avait pas de places assises.
4. Puisque vous vous intéressez aux sciences, désirez-vous vous _____ à cette revue?
5. Je ne voudrais pas vous _____ maintenant, vous avez l'air pressé.
6. Sous l'effet de l'étonnement, il n'a réussi qu'à _____.
7. Sa besogne est maintenant terminée et il se sent _____.
8. Il ne sait pas _____ pour présenter son mémoire.
9. Ce café est mal _____, je ne me sens pas à l'aise avec ces gens.
10. Vous n'avez ni déjeuné, ni dîné et vous n'êtes pas _____?
11. Les policiers ont _____ le suspect de questions.
12. Ils avaient _____ son revolver par terre et _____ ses poches.

III. Compréhension du texte

Choisissez les deux réponses qui ne conviennent pas dans chaque groupe de phrases.

1. L'idée fixe de Sacrement était d'être décoré parce que
   a. il voulait être reçu dans le monde.
   b. c'était un désir qu'il avait depuis son plus jeune âge.
   c. il était exaspéré de voir d'autres gens porter la Légion d'honneur.
   d. il était ambitieux et voulait réussir dans la vie.

2. Sacrement
   a. était l'ami d'un ministre.
   b. se mêlait souvent au monde.
   c. recevait des coups au cœur en voyant des gens décorés.
   d. avait une vie facile et désœuvrée.

3. En rencontrant des gens décorés, Sacrement
   a. trouvait le gouvernement trop prodigue de décorations.
   b. saluait tous les officiers de la Légion d'honneur.
   c. les comptait à l'aller et au retour de ses promenades.
   d. ne voulait plus une distinction si commune.

4. Quand il rêve du jour où il sera décoré,
   a. il ne voudrait recevoir que la Légion d'honneur.
   b. tous les spectateurs crieraient leur admiration.
   c. il marcherait le premier dans un cortège.
   d. il voudrait porter toutes les croix et tous les rubans.

5. Pour obtenir une décoration,
   a. il aborde la question avec le député.
   b. il rédige un mémoire sur l'enseignement visuel.
   c. il envoie sa femme demander conseil au député.
   d. il fait un mémoire sur le droit du peuple à l'instruction.

6. Après sa brochure sur les bibliothèques des rues,
   a. il se mit à faire des démarches personnelles.
   b. il alla voir un fonctionnaire qui jouait du piano.
   c. il fut reçu en audience par le ministre de l'Instruction Publique.
   d. il reçut une foule de conseils du député pour continuer son œuvre.

7. Le député confie alors une mission à Sacrement. Celui-là
   a. fouille les greniers des bibliothèques.
   b. se met à l'étude de nouveaux livres sur la question.
   c. est si heureux qu'il ne peut ni boire, ni manger.
   d. est bien reçu par les bibliothécaires.

8. Lorsque Sacrement revient chez lui au milieu de la nuit,
   a. sa femme lui ouvre la porte immédiatement.
   b. sa femme va et vient avant de lui ouvrir.
   c. sa femme n'ouvre pas tout de suite car elle dort.
   d. il entend sa femme parler comme si elle rêvait.

IV. Questions

Répondez aux questions suivantes par des phrases complètes.

1. Comment Sacrement se promenait-il quand il était enfant?
2. Que faisait Sacrement quand il n'avait rien à faire?
3. Où trouvait-il le plus de gens décorés?
4. Pourquoi Sacrement voudrait-il être débarrassé de ce sale gouvernement?
5. Pourquoi abandonne-t-il l'espoir de recevoir la Légion d'honneur?
6. Comment Sacrement imagine-t-il l'enseignement pour les enfants?
7. A qui envoie-t-il son mémoire?
8. Comment l'instruction pourrait-elle venir au peuple?
9. Quelles démarches Sacrement décide-t-il de faire?
10. Où Sacrement va-t-il faire des recherches?
11. Qu'entend-il derrière la porte de chez lui quand il revient au milieu de la nuit?
12. A quoi voit-il que le pardessus n'est pas le sien?
13. Quelle explication lui donne sa femme?
14. Pourquoi Sacrement croit-il cette explication?

JACQUES PRÉVERT

Jacques Prévert (1900–1977) est célèbre à la fois comme poète et comme l'auteur de dialogues de films. Il a été le dialoguiste des meilleurs films de Marcel Carné: «Drôle de drame», «Quai des brumes», «Les Visiteurs du soir», «Les Enfants du paradis».

Il écrit des poèmes, dits et chantés[1] dans les cabarets, qui le rendent immédiatement populaire. A partir de 1933, beaucoup de ces textes sont mis en musique par un musicien de grand talent, Joseph Kosma, et se chantent par tout le monde: «Les Feuilles mortes» — «Autumn Leaves».

[1] dits et chantés *stories and songs (in verse)*

Ces poèmes sont enfin publiés en un premier recueil[2] *Paroles*, en 1947, avec tant de succès que plus d'un million d'exemplaires se sont déjà vendus. Sans ponctuation, souvent sans majuscules,[3] les poèmes célèbrent la liberté, l'amour, les oiseaux, les humbles, la vie, la beauté et condamnent le despotisme, l'autorité politique ou cléricale, la guerre et tous les obstacles au bonheur.

[2] un recueil *collection*

[3] une majuscule *capital letter*

C'est une poésie orale, plus pour être dite que pour être lue, où le langage populaire prend une force et une fraîcheur inattendues.

(Turn to page 182 for a note on French versification.)

Pour faire le portrait d'un oiseau

A Elsa Henriquez

Peindre d'abord une cage
avec une porte ouverte
peindre ensuite
quelque chose de joli
5 quelque chose de simple
quelque chose de beau
quelque chose d'utile
pour l'oiseau
placer ensuite la toile[1] contre un arbre
10 dans un jardin
dans un bois
ou dans une forêt
se cacher derrière l'arbre
sans rien dire
15 sans bouger...[2]
Parfois l'oiseau arrive vite
mais il peut aussi bien mettre de longues années[3]
avant de se décider
Ne pas se décourager[4]
20 attendre
attendre s'il le faut pendant des années
la vitesse ou la lenteur[5] de l'arrivée de l'oiseau
n'ayant aucun rapport
avec la réussite du tableau
25 Quand l'oiseau arrive
s'il arrive
observer le plus profond silence
attendre que l'oiseau entre dans la cage
et quand il est entré
30 fermer doucement la porte avec le pinceau[6]
puis

[1] la toile *canvas*

[2] bouger *to move, to budge*

[3] mettre des années
prendre des années

[4] se décourager perdre courage

[5] la vitesse ou la lenteur *swiftness or slowness*

[6] un pinceau l'instrument du peintre (*paintbrush*)

effacer[7] un à un tous les barreaux[8]
en ayant soin de ne toucher aucune des plumes
                                    de l'oiseau
Faire ensuite le portrait de l'arbre
5   en choisissant la plus belle de ses branches
pour l'oiseau
peindre aussi le vert feuillage[9] et la fraîcheur[10] du
                                    vent
la poussière[11] du soleil   .
10   et le bruit des bêtes[12] de l'herbe dans la chaleur[13] de
                                    l'été
et puis attendre que l'oiseau se décide à chanter
Si l'oiseau ne chante pas
c'est mauvais signe
15   signe que le tableau est mauvais
mais s'il chante c'est bon signe
signe que vous pouvez signer
Alors vous arrachez[14] tout doucement
une des plumes de l'oiseau
20   et vous écrivez votre nom dans un coin du tableau.

[7] effacer   *to erase*
[8] un barreau   *a bar*

[9] le feuillage   *foliage*
[10] la fraîcheur   *coolness*

[11] la poussière   *dust*

[12] une bête   un animal
[13] la chaleur   *heat*

[14] arracher   *to pluck*

QUESTIONS

Répondez aux questions suivantes par des phrases complètes.

1. Que faut-il peindre d'abord sur la toile?
2. Puis le poète recommande quelque chose de joli; quoi par exemple?
3. Quelque chose d'utile, que mettez-vous?
4. Où doit-on placer la toile?
5. Le peintre reste-t-il devant son tableau? Où doit-il aller?
6. Que fait-on si l'oiseau entre dans la cage?
7. Que doit-on ajouter pour finir le tableau?
8. Que faut-il attendre maintenant?
9. Que doit-on penser du tableau si l'oiseau ne chante pas?
10. Et si l'oiseau chante?
11. Où signez-vous le tableau?
12. Avec quoi signez-vous?
13. Comment faites-vous le portrait d'un oiseau (en résumant le poème)? Je peins d'abord une cage...
14. Comment ce poème diffère-t-il de ceux de Verlaine (rime, mesure du vers, division en strophes et ton)?

En sortant de l'école

En sortant de l'école
Nous avons rencontré
Un grand chemin de fer[1]
Qui nous a emmenés
5   Tout autour de la terre
Dans un wagon doré
Tout autour de la terre
Nous avons rencontré
La mer qui se promenait
10 Avec tous ses coquillages[2]
Ses îles parfumées
et puis ses beaux naufrages[3]
et ses saumons fumés.[4]
Au dessus de la mer
15 Nous avons rencontré
La lune et les étoiles
Sur un bateau à voiles[5]
Partant pour le Japon.
Et les trois mousquetaires
20 des cinq doigts de la main
Tournant la manivelle[6]
d'un petit sous-marin[7]
Plongeant[8] au fond des mers
Pour chercher des oursins.[9]
25 Revenant sur la terre
Nous avons rencontré
Sur la voie[10] de chemin de fer
Une maison qui fuyait[11]
Fuyait tout autour de la terre,
30 Fuyait tout autour de la mer,
Fuyait devant l'hiver
Qui voulait l'attraper,[12]
Mais nous sur notre chemin de fer,
On s'est mis[13] à rouler,

[1] un chemin de fer   un train

[2] un coquillage   *a seashell*

[3] un naufrage   *shipwreck*

[4] le saumon fumé   *smoked salmon*

[5] un bateau à voiles *sailboat*

[6] une manivelle   *crank, handle*
[7] un sous-marin   bateau qui peut aller sous l'eau
[8] plonger ici, submerger
[9] un oursin   *sea urchin*

[10] la voie ici, les rails

[11] fuir *to flee*

[12] attraper saisir

[13] se mettre à (+ *inf.*) commencer à

Rouler derrière l'hiver
Et on l'a écrasé[14]
Et la maison s'est arrêtée
Et le printemps nous a salués.
5   C'était lui le garde-barrière[15]
Et il nous a bien remerciés
Et toutes les fleurs de toute la terre
Soudain se sont mises à pousser,[16]
Pousser à tort et à travers[17]
10   Sur la voie du chemin de fer
Qui ne voulait plus avancer
De peur de les abîmer,[18]
Alors on est revenu à pied,
A pied
15   Tout autour de la mer,
Tout autour du soleil, de la lune et des étoiles,
A pied, à cheval et en bateau à voiles.

[14] écraser   *to run over*

[15] un garde-barrière
gatekeeper at level crossing

[16] pousser   ici, grandir
(*to grow tall*)
[17] à tort et à travers
n'importe comment
(*at random*)

[18] abîmer   détériorer

QUESTIONS

Répondez aux questions suivantes par des phrases complètes.

1. Comment sommes-nous partis tout autour de la terre?
2. Avec qui la mer se promenait-elle?
3. Où allaient la lune et les étoiles? Comment?
4. Que faisait le sous-marin?
5. Qu'est-ce qui fuyait devant l'hiver? Pourquoi?
6. Pourquoi la maison s'est-elle enfin arrêtée?
7. Qu'est-ce qui nous a remerciés? De quoi?
8. Comment le printemps se manifeste-t-il?
9. Pourquoi le train ne veut-il plus avancer?
10. Comment avons-nous dû revenir?
11. Quels sont les épisodes de ce voyage de rêve qui vous ont fait sourire?
12. Quels sont les expressions ou passages qui vous paraissent poétiques?

Barbara

Rappelle-toi Barbara
Il pleuvait sans cesse[1] sur Brest[2] ce jour-là
Et tu marchais souriante
Épanouie ravie ruisselante[3]
5 Sous la pluie
Rappelle-toi Barbara
Il pleuvait sans cesse sur Brest
Et je t'ai croisée[4] rue de Siam[5]
Tu souriais
10 Et moi je souriais de même[6]
Rappelle-toi Barbara
Toi que je ne connaissais pas
Toi qui ne me connaissais pas
Rappelle-toi
15 Rappelle-toi quand même[7] ce jour-là
N'oublie pas
Un homme sous un porche s'abritait[8]
Et il a crié ton nom
Barbara
20 Et tu as couru vers lui sous la pluie
Ruisselante ravie épanouie
Et tu t'es jetée dans ses bras
Rappelle-toi cela Barbara
Et ne m'en veux[9] pas si je te tutoie[10]
25 Je dis tu à tous ceux que j'aime
Même si je ne les ai vus qu'une seule fois
Je dis tu à tous ceux qui s'aiment
Même si je ne les connais pas
Rappelle-toi Barbara
30 N'oublie pas
Cette pluie sage et heureuse
Sur ton visage heureux
Sur cette ville heureuse
Cette pluie sur la mer

[1] sans cesse continuellement
[2] Brest   port militaire en Bretagne
[3] épanouie, ravie, ruisselante   *beaming, delighted, dripping*

[4] croiser quelqu'un rencontrer quelqu'un venant en direction opposée
[5] rue de Siam   une des rues de Brest
[6] de même   de la même façon

[7] quand même   *even so*

[8] s'abriter   se réfugier (*to take shelter*)

[9] en vouloir à quelqu'un être en colère contre quelqu'un
[10] dire «tu»   s'adresser à quelqu'un en employant «tu», tutoyer

Sur l'arsenal
Sur le bateau d'Ouessant[11]
Oh Barbara
Quelle connerie[12] la guerre
5   Qu'es-tu devenue[13] maintenant
Sous cette pluie de fer[14]
De feu d'acier[15] de sang
Et celui qui te serrait[16] dans ses bras
Amoureusement
10   Est-il mort disparu ou bien encore vivant
Oh Barbara
Il pleut sans cesse sur Brest
Comme il pleuvait avant
Mais ce n'est plus pareil et tout est abîmé[17]
15   C'est une pluie de deuil[18] terrible et désolée
Ce n'est même plus l'orage
De fer d'acier de sang
Tout simplement des nuages
Qui crèvent[19] comme des chiens
20   Des chiens qui disparaissent
Au fil de l'eau[20] sur Brest
Et vont pourrir[21] au loin
Au loin très loin de Brest
Dont il ne reste rien.

[11] **Ouessant**   île de l'Océan Atlantique, très proche de Brest
[12] **une connerie** (*vulgaire*) une absurdité, une stupidité
[13] **qu'es-tu devenue?**   *what has become of you?*
[14] **le fer**   *iron*
[15] **l'acier**   *steel*
[16] **serrer**   presser

[17] **abîmé**   détérioré, détruit
[18] **le deuil**   *mourning*

[19] **crever**   *to burst, to die (pop.)*

[20] **au fil de l'eau**   avec le courant de l'eau
[21] **pourrir**   se décomposer

QUESTIONS

Répondez aux questions suivantes par des phrases complètes.

1. Où le poète a-t-il rencontré Barbara?
2. Quel temps faisait-il?
3. Barbara était-elle attristée par la pluie?
4. Comment l'auteur a-t-il appris le nom de la jeune fille?
5. Vers qui Barbara a-t-elle couru?
6. Pourquoi le poète dit-il «tu» à Barbara?
7. Comment le poète exprime-t-il sa haine de la guerre?
8. Quelle sorte de pluie est tombée sur Brest pendant la guerre?
9. Que se demande l'auteur à propos de Barbara et de son ami?
10. Quel est maintenant l'aspect de la pluie sur Brest?
11. Comment est le ciel?
12. Relevez les expressions qui décrivent Brest après la guerre.
13. Comment peut-on diviser le poème en trois parties?
14. Quel titre donneriez-vous à chacune des parties?

COLETTE

Colette a excellé à dépeindre les sentiments complexes de l'amour et les aspects divers et troublants de la féminité, comme le montre le texte suivant: «L'Autre Femme».

Prière de se reporter à la biographie à la page 3.

L'Autre Femme

— Deux couverts? Par ici, Monsieur et Madame, il y a encore une table contre la baie,[1] si Madame et Monsieur veulent profiter[2] de la vue.

Alice suivit le maître d'hôtel.

5 — Oh! oui, viens, Marc, on aura l'air de déjeuner sur la mer dans un bateau...

Son mari la retint[3] d'un bras passé sous le sien.

— Nous serons mieux là.

— Là? Au milieu de tout ce monde? J'aime bien
10 mieux...

— Je t'en prie,[4] Alice.

Il resserra son étreinte[5] d'une manière tellement significative qu'elle se retourna:

— Qu'est-ce que tu as?

15 Il fit «ch...tt» tout bas, en la regardant fixement, et l'entraîna[6] vers la table du milieu.

— Qu'est-ce qu'il y a, Marc?

— Je vais te dire, chérie. Laisse-moi commander le déjeuner. Veux-tu des crevettes?[7] ou des œufs
20 en gelée?[8]

— Ce que tu voudras, tu sais bien.

Ils se sourirent, gaspillant[9] les précieux moments d'un maître d'hôtel surmené,[10] atteint d'une sorte de danse nerveuse, qui transpirait[11] près d'eux.

25 — Les crevettes, commanda Marc. Et puis les œufs bacon. Et du poulet froid avec une salade de romaine. Fromage à la crème? Spécialité de la maison? Va pour[12] la spécialité. Deux très bons cafés. Qu'on fasse déjeuner[13] mon chauffeur, nous
30 repartons à deux heures. Du cidre? Je me méfie...[14] Du champagne sec.[15]

Il soupira[16] comme s'il avait déménagé[17] une armoire,[18] contempla la mer décolorée de midi, le ciel presque blanc, puis sa femme qu'il trouva jolie sous

[1] une baie   ici, une grande fenêtre
[2] profiter de   tirer avantage de

[3] retenir   arrêter le mouvement

[4] je t'en prie   s'il te plaît

[5] Il resserra son étreinte   *he tightened his grip*

[6] entraîner   mener ou conduire avec soi

[7] une crevette   *shrimp*

[8] des œufs en gelée   *eggs in jellied consommé*

[9] gaspiller   *to waste*

[10] surmené   très fatigué

[11] transpirer   *to perspire*

[12] va pour...   nous prendrons donc...
[13] faire déjeuner   donner à manger
[14] se méfier   *to distrust*
[15] sec   *dry (wine)*
[16] soupirer   *to sigh*
[17] déménager   *to move*
[18] une armoire   *wardrobe*

un petit chapeau de Mercure à grand voile pendant.[19]

— Tu as bonne mine,[20] chérie. Et tout ce bleu de mer te fait les yeux verts, figure-toi![21] Et puis tu engraisses,[22] en voyage... C'est agréable, à un point,[23] mais à un point!...

Elle tendit orgueilleusement sa gorge ronde,[24] en se penchant au-dessus de la table:

— Pourquoi m'as-tu empêchée de prendre cette place contre la baie?

Marc Séguy ne songea pas à mentir.[25]

— Parce que tu allais t'asseoir à côté de quelqu'un que je connais.

— Et que je ne connais pas?

— Mon ex-femme.

Elle ne trouva pas un mot à dire et ouvrit plus grands ses yeux bleus.

— Quoi donc, chérie? Ça arrivera encore. C'est sans importance.

Alice, retrouvant la parole, lança dans leur ordre logique les questions inévitables:

— Elle t'a vu? Elle a vu que tu l'avais vue? Montre-la-moi?

— Ne te retourne pas tout de suite, je t'en prie, elle doit nous surveiller...[26] Une dame brune,[27] tête nue,[28] elle doit habiter cet hôtel... Toute seule, derrière ces enfants en rouge...

— Oui. Je vois.

Abritée[29] derrière des chapeaux de plage à grandes ailes,[30] Alice put regarder celle qui était encore, quinze mois auparavant, la femme de son mari. «Incompatibilité», lui racontait Marc. «Oh! mais, là... incompatibilité totale! Nous avons divorcé en gens bien élevés,[31] presque en amis, tranquillement, rapidement. Et je me suis mis[32] à t'aimer, et tu as bien voulu[33] être heureuse avec moi. Quelle chance qu'il n'y ait, dans notre bonheur, ni coupables,[34] ni victimes!»

[19] un voile pendant *hanging veil*
[20] avoir bonne mine avoir l'air en bonne santé
[21] se figurer imaginer
[22] engraisser *to put on weight*
[23] à un point *very much*
[24] elle tendit... ronde *she extended proudly her full bosom*

[25] mentir ne pas dire la vérité

[26] surveiller observer
[27] brun *brown-haired*
[28] tête nue sans chapeau

[29] abrité protégé
[30] à grandes ailes *with a wide brim*

[31] bien élevé poli
[32] se mettre à commencer à
[33] bien vouloir consentir

[34] coupable *guilty*

La femme en blanc, casquée de cheveux plats[35] et lustrés où la lumière de la mer miroitait[36] en plaques d'azur, fumait une cigarette en fermant à demi les yeux. Alice se retourna vers son mari, prit des
5   crevettes et du beurre, mangea posément. Au bout d'un moment de silence:

— Pourquoi ne m'avais-tu jamais dit qu'elle avait aussi les yeux bleus?

— Mais je n'y ai pas pensé!
10   Il baisa[37] la main qu'elle étendait[38] vers la corbeille à pain[39] et elle rougit de plaisir. Brune et grasse,[40] on l'eût trouvée un peu bestiale, mais le bleu changeant de ses yeux, et ses cheveux d'or ondé,[41] la déguisaient en blonde frêle[42] et senti-
15   mentale. Elle vouait[43] à son mari une gratitude éclatante.[44] Immodeste sans le savoir, elle portait sur toute sa personne les marques trop visibles d'une extrême félicité.

Ils mangèrent et burent de bon appétit, et cha-
20   cun d'eux crut que l'autre oubliait la femme en blanc. Pourtant, Alice riait parfois trop haut, et Marc soignait[45] sa silhouette, élargissant les épaules et redressant la nuque. Ils attendirent le café assez longtemps, en silence. Une rivière incandescente,
25   reflet étiré[46] du soleil haut et invisible, se déplaçait lentement sur ‹ mer, et brillait d'un feu insoutenable.[47]

— Elle est toujours là, tu sais, chuchota[48] brusquement Alice.
30   — Elle te gêne?[49] Tu veux prendre le café ailleurs?[50]

— Mais pas du tout! C'est plutôt elle qui devrait être gênée! D'ailleurs, elle n'a pas l'air de s'amuser follement,[51] si tu la voyais...
35   — Pas besoin. Je lui connais cet air-là.

— Ah! oui, c'était son genre?[52]

Il souffla[53] de la fumée par les narines[54] et fronça les sourcils:[55]

[35] casquée... plaques d'azur *whose straight and shiny hair looked streaked with blue from the reflection of the sea*
[36] miroiter   briller (*to shine to gleam*)

[37] baiser   *to kiss*
[38] étendre   allonger
[39] le corbeille à pain   *bread basket*
[40] gras   gros (*big, stout*)

[41] ondé   *wavy*
[42] frêle   *fragile*
[43] vouer   dédier (*to vow*)
[44] éclatant   ici, évident

[45] Marc soignait... la nuque   *conscious of his posture, Mark straightened his shoulders and raised his head*
[46] le reflet étiré   *lengthened reflection*
[47] insoutenable   *unbearable*
[48] chuchoter   parler bas

[49] gêner   embarrasser

[50] ailleurs   dans un autre lieu

[51] follement   beaucoup

[52] le genre   la manière
[53] souffler   *to blow*
[54] les narines   *nostrils*
[55] froncer les sourcils   *to frown*

— Un genre... Non. A te parler franchement, elle n'était pas heureuse avec moi.

— Ça, par exemple!...[56]

— Tu es d'une indulgence délicieuse, chérie, une
5   indulgence folle... Tu es un amour, toi... Tu m'aimes... Je suis si fier, quand je te vois ces yeux... oui, ces yeux-là... Elle... Je n'ai sans doute pas su la rendre heureuse. Voilà, je n'ai pas su.

— Elle est difficile!

10   Alice s'éventait[57] avec irritation, et jetait de brefs regards sur la femme en blanc qui fumait, la tête appuyée au dossier de rotin,[58] et fermait les yeux avec un air de lassitude[59] satisfaite.

Marc haussa les épaules[60] modestement:

15   — C'est le mot, avoua-t-il. Que veux-tu? Il faut plaindre[61] ceux qui ne sont jamais contents. Nous, nous sommes si contents... N'est-ce pas, chérie?

Elle ne répondit pas. Elle donnait une attention furtive au visage de son mari, coloré, régulier, à ses
20   cheveux drus,[62] faufilés çà et là de soie blanche, à ses mains courtes et soignées.[63] Dubitative[64] pour la première fois, elle s'interrogea:

«Qu'est-ce qu'elle voulait donc de mieux, elle?»

Et jusqu'au départ, pendant que Marc payait
25   l'addition, s'enquérait[65] du chauffeur, de la route, elle ne cessa plus de regarder avec une curiosité envieuse la dame en blanc, cette mécontente, cette difficile, cette supérieure...

[56] ça, par exemple! *come on, I can't believe it!*

[57] s'éventer *to fan oneself*

[58] appuyée au dossier de rotin *leaning against the rattan chair back*
[59] la lassitude *fatigue*
[60] hausser les épaules *to shrug*
[61] plaindre *avoir de la pitié pour*

[62] cheveux drus, faufilés... blanche *thick hair slightly streaked with white*
[63] soigné *well groomed*
[64] dubitatif *having doubts*

[65] s'enquérir *s'informer*

EXERCICES

I. Exercice de grammaire
Interrogative pronouns and adverbs

INTERROGATIVE PRONOUNS

qui   quoi   que   laquelle

INTERROGATIVE ADVERBS

pourquoi   comment   où   quand   combien

A. En utilisant les pronoms interrogatifs, écrivez les questions aux réponses suivantes.

1. *Le maître d'hôtel* conduit les clients vers une table près d'une baie.
2. Marc préfère *celle* (la table) *qui est au milieu de la salle.*
3. Ils commandent *des crevettes et du poulet.*
4. Marc se méfie du *cidre.*
5. Il a reconnu *son ex-femme.*
6. *Personne n'a* été le coupable dans ce divorce.
7. Ils parlaient de *l'ex-femme de Marc.*
8. Sa tête était appuyée sur *le dossier d'un fauteuil.*
9. C'est *l'ex-femme de Marc* qui aurait dû se sentir gênée.
10. On voyait qu'Alice était heureuse à *sa gratitude éclatante.*

B. Maintenant, utilisez les adverbes interrogatifs en écrivant vos questions.

1. Ils étaient venus au restaurant *en auto.*
2. Marc retient Alice *pour ne pas être assis près de son ex-femme.*
3. Ils veulent repartir *à deux heures.*

4. Marc soupira *comme s'il avait déménagé une armoire.*

5. Son ex-femme n'a pas de chapeau *car elle doit habiter l'hôtel.*

6. La lumière de la mer miroitait *sur les cheveux lustrés.*

7. Ils avaient divorcé *quinze mois auparavant.*

8. Ils avaient divorcé *sans coupable ni victime.*

9. Marc en a commandé *deux* (cafés).

10. Alice regarde l'ex-femme *avec une curiosité envieuse.*

II. Exercices de vocabulaire

A. Donnez le contraire des expressions ci-dessous en choisissant parmis les verbes suivants.

engraisser	redresser	soigner
chuchoter	gêner	profiter de
gaspiller	abriter de	mentir
se méfier de	allonger	plaindre
resserrer	s'élargir	retenir

1. courber (la tête)
2. raccourcir (une robe)
3. mettre à l'aise
4. parler à voix haute
5. parler franchement
6. négliger (son apparence)
7. n'avoir aucune pitié
8. (Ce tissu va) se rétrécir
9. laisser aller
10. se fier (à une personne)
11. conserver (ses forces)
12. perdre du poids
13. desserrer
14. négliger (une chance)
15. exposer (une plante) au soleil

B. Remplacez les tirets par une des expressions suivantes.

commande	se mettre à	veux
commande de	veux bien	soupirez
commande à	prie	transpirez
mettre	froncez les	haussez les épaules
se mettre	sourcils	bonne mine

1. Marc _____ sa femme de venir s'asseoir à une table au milieu du restaurant.
2. Vous n'avez pas _____, vous avez de la fièvre et vous _____; je suis sûr que vous êtes malade.
3. Voudriez-vous m'accompagner au théâtre ce soir? Oui, je _____. (ou) Non, excusez-moi, je ne _____ pas sortir le soir.
4. Il _____ le menu du déjeuner au maître d'hôtel.
5. Après le dîner, il aime _____ dans un fauteuil confortable.
6. Le général _____ passer à l'offensive.
7. Pourquoi _____-vous si rien ne vous contrarie maintenant?
8. Elle a voulu _____ l'étude du piano après ce cours de musique.
9. Le général ne prie pas ses soldats, il _____ ses soldats.
10. Quand vous considérez que quelque chose ne vous concerne pas ou n'a pas d'importance, vous _____.
11. Le maître d'hôtel voulait _____ le couple devant le spectacle de la mer.
12. Vous _____? N'approuvez-vous pas mon travail?

C. Écrivez le contraire des phrases suivantes en vous servant de ces verbes.

abriter de	engraisser	mentir
allonger	gaspiller	plaindre
chuchoter	gêner	redresser
élargir	se méfier de	soigner

1. Cet home *profite de* son temps et *de* son argent.
2. Elle *n'a aucune pitié pour* les malheureux.
3. Il *parle à haute voix* ou il *crie.*
4. A la fin de l'entretien, elle *courbe* la tête.
5. La couturière pourra *raccourcir* ce manteau.
6. Le jardinier *expose* une plante *au* soleil.
7. Le malade *a confiance dans* ce nouveau remède.
8. J'ai l'impression que la jeune femme *dit toute la vérité.*
9. Pour aller au rendez-vous, il *néglige* sa tenue.
10. Croyez-vous que la malade *maigrisse ou perde du poids?*
11. Le regard de l'inconnu la *met à l'aise.*
12. Croyez-vous que ces arbres *rendent* la rue *plus étroite?*

III. Questions

Répondez aux questions suivantes par des phrases complètes.

1. Où le maître d'hôtel veut-il placer le couple?
2. Pourquoi la femme aimerait-elle cet endroit?
3. Comment Marc entraîne-t-il sa femme vers une autre table?
4. Quel menu Marc commande-t-il au maître d'hôtel?
5. Quels compliments Marc fait-il à sa femme?
6. Pourquoi Marc n'a-t-il pas voulu s'asseoir près de la baie?
7. Pourquoi et quand avait-il divorcé?
8. Les deux femmes se ressemblent-elles? (cheveux, yeux)
9. Se sachant surveillés, comment Marc et Alice réagissent-ils?
10. Pourquoi Marc suggère-t-il d'aller prendre le café ailleurs?
11. Pourquoi Marc est-il heureux avec sa deuxième femme?

12. L'autre femme a-t-elle l'air de s'amuser? Que fait-elle?
13. A quoi voit-on qu'Alice est heureuse avec Marc?
14. Que voit Alice qui regarde furtivement son mari?
15. Comment les sentiments d'Alice pour son mari ont-ils changé?

ALPHONSE DAUDET

Plusieurs romans de Daudet et quelques contes des *Lettres de mon moulin* se passent en Provence. C'est là, non loin de la ville d'Arles, que Daudet avait acheté un réel moulin à vent.

En quelques pages, «L'Arlésienne» raconte une inoubliable histoire d'amour, de rêve et de mort. Plus tard, Daudet en a tiré un mélodrame dont Bizet a écrit la musique.

Prière de se reporter à la biographie à la page 62.

L'Arlésienne[1]

Pour aller au village, en descendant de mon
moulin, on passe devant un *mas*[2] bâti près de la
route au fond d'une grande cour plantée de micocouliers.[3] C'est la vraie maison du *ménager*[4] de
5   Provence, avec ses tuiles[5] rouges, sa large façade
brune irrégulièrement percée,[6] puis tout en haut
la girouette du grenier,[7] la poulie[8] pour hisser les
meules et quelques touffes de foin[9] brun qui
dépassent...[10]

10   Pourquoi cette maison m'avait-elle frappé?
Pourquoi ce portail[11] fermé me serrait-il le cœur?[12]
Je n'aurais pas pu le dire, et pourtant ce logis[13]
me faisait froid. Il y avait trop de silence autour...
Quand on passait, les chiens n'aboyaient[14] pas, les
15   pintades[15] s'enfuyaient sans crier... A l'intérieur,
pas une voix! Rien, pas même un grelot[16] de
mule... Sans les rideaux blancs des fenêtres et la
fumée qui montait des toits, on aurait cru
l'endroit inhabité.

20   Hier, sur le coup de midi,[17] je revenais du
village, et, pour éviter le soleil, je longeais[18] les
murs de la ferme, dans l'ombre des micocouliers...
Sur la route, devant le *mas*, des valets[19] silencieux
achevaient de charger[20] une charrette de foin... Le
25   portail était resté ouvert. Je jetai un regard en
passant, et je vis, au fond de la cour, accoudé,[21] —
la tête dans ses mains, — sur une large table de
pierre, un grand vieux tout blanc, avec une veste
trop courte et des culottes[22] en lambeaux... Je
30   m'arrêtai. Un des hommes me dit tout bas:

«Chut! c'est le maître... Il est comme ça depuis
le malheur de son fils.»

A ce moment, une femme et un petit garçon,
vêtus de noir, passèrent près de nous avec de gros

[1] **L'Arlésienne** une femme d'Arles ou de la région d'Arles, en Provence

[2] **un mas** une maison de campagne ou une ferme en Provence
[3] **un micocoulier** sorte d'orme (*elm tree*)
[4] **un ménager** *overseer* (*of a farm, estate, etc.*)
[5] **une tuile** *tile*
[6] **percé** ici, avec des fenêtres
[7] **la girouette du grenier** *weathervane of the granary*
[8] **la poulie... meules** *the pulley for lifting the millstones*
[9] **quelques touffes de foin** *some wisps of hay*
[10] **dépasser** ici, sortir
[11] **un portail** une grande porte
[12] **serrer le cœur** rendre triste
[13] **un logis** une maison
[14] **aboyer** *to bark*
[15] **une pintade** *guinea hen*
[16] **un grelot** une petite clochette (*bell*)
[17] **sur le coup de midi** vers midi
[18] **longer** marcher près de
[19] **un valet** *farm servant*
[20] **charger... foin** *to load a wagon with hay*
[21] **accoudé** *leaning on his elbows*
[22] **des culottes en lambeaux** *pants torn in shreds*

paroissiens dorés,[23] et entrèrent à la ferme.

L'homme ajouta:

«... La maîtresse et Cadet qui reviennent de la messe. Ils y vont tous les jours, depuis que l'enfant
5 s'est tué... Ah! monsieur, quelle désolation!... Le père porte encore les habits du mort; on ne peut pas les lui faire quitter... Dia! hue![24] la bête!»

La charrette s'ébranla[25] pour partir. Moi, qui voulais en savoir plus long,[26] je demandai au
10 voiturier de monter à côté de lui, et c'est là-haut, dans le foin, que j'appris toute cette navrante[27] histoire...

Il s'appelait Jan. C'était un admirable paysan de vingt ans, sage comme une fille, solide et le
15 visage ouvert. Comme il était très beau, les femmes le regardaient; mais lui n'en avait qu'une en tête, — une petite Arlésienne, toute en velours[28] et en dentelles, qu'il avait rencontrée sur la Lice[29] d'Arles, une fois. — Au *mas*, on ne vit pas d'abord
20 cette liaison[30] avec plaisir. La fille passait[31] pour coquette, et ses parents n'étaient pas du pays.

Mais Jan voulait son Arlésienne à toute force. Il disait:

«Je mourrai si on ne me la donne pas.»
25 Il fallut en passer[32] par là. On décida de les marier après la moisson.[33]

Donc, un dimanche soir, dans la cour du *mas*, la famille achevait de dîner. C'était presque un repas de noces.[34] La fiancée n'y assistait[35] pas,
30 mais on avait bu en son honneur[36] tout le temps... Un homme se présente à la porte, et, d'une voix qui tremble, demande à parler à maître[37] Estève, à lui seul. Estève se lève et sort sur la route.

«Maître, lui dit l'homme, vous allez marier votre
35 enfant à une coquine,[38] qui a été ma maîtresse pendant deux ans. Ce que j'avance,[39] je le prouve; voici des lettres!... ses parents savent tout et me

---

[23] un paroissien doré *gilded prayer book*

[24] dia! hue! *giddyap!*

[25] s'ébranler *to get under way*
[26] plus long *ici,* davantage

[27] navrant affligeant (*heart-rending*)

[28] en velours et en dentelles *in velvet and lace*
[29] la Lice la place (*square*)

[30] une liaison un attachement
[31] passer pour avoir la réputation de

[32] en passer par là accepter cela
[33] la moisson *the harvest*

[34] les noces le mariage
[35] assister à être présent à
[36] boire en son honneur boire à sa santé

[37] maître monsieur

[38] une coquine *tramp*

[39] avancer *ici,* donner pour vrai (*to assert*)

l'avaient promise; mais depuis que votre fils la recherche,[40] ni eux ni la belle ne veulent plus de moi... J'aurais cru pourtant qu'après ça elle ne pouvait pas être la femme d'un autre.

5 — C'est bien, dit maître Estève quand il eut regardé les lettres; entrez boire un verre de muscat.»[41]

L'homme répond:

«Merci! j'ai plus de chagrin[42] que de soif.»

10 Et il s'en va.

Le père rentre, impassible: il reprend sa place à table; et le repas s'achève gaiement...

Ce soir-là, maître Estève et son fils s'en allèrent ensemble dans les champs. Ils restèrent longtemps 15 dehors: quand ils revinrent, la mère les attendait encore.

«Femme, dit le *ménager*, en lui amenant son fils, embrasse-le! il est malheureux...»

Jan ne parla plus de l'Arlésienne. Il l'aimait 20 toujours cependant, et même plus que jamais, depuis qu'on la lui avait montrée dans les bras d'un autre. Seulement il était trop fier pour rien dire; c'est ce qui le tua, le pauvre enfant!... Quelquefois il passait des journées entières seul dans 25 un coin, sans bouger. D'autres jours, il se mettait à la terre avec rage et abattait[43] à lui seul le travail de dix journaliers...[44] Le soir venu, il prenait la route d'Arles et marchait devant lui jusqu'à ce qu'il vît monter dans le couchant les clochers 30 grêles[45] de la ville. Alors il revenait. Jamais il n'alla plus loin.

De le voir ainsi, toujours triste et seul, les gens du *mas* ne savaient plus que faire. On redoutait[46] un malheur... Une fois, à table, sa mère en le 35 regardant avec des yeux pleins de larmes, lui dit:

«Eh bien, écoute, Jan, si tu la veux tout de même, nous te la donnerons...»

[40] rechercher   ici, poursuivre, fréquenter

[41] le muscat   *muscatel wine*

[42] le chagrin   l'affliction, la tristesse

[43] abattre   ici, faire

[44] un journalier   un ouvrier agricole

[45] grêle   mince (*slender*)

[46] redouter   craindre

Le père, rouge de honte, baissait la tête.

Jan fit signe que non, et il sortit...

A partir de ce jour, il changea sa façon de vivre, affectant d'être toujours gai, pour rassurer ses parents. On le revit au bal, au cabaret, dans les ferrades.[47] A la vote[48] de Fonvieille, c'est lui qui mena la farandole.[49]

Le père disait: «Il est guéri.» La mère, elle, avait toujours des craintes et plus que jamais surveillait son enfant... Jan couchait avec Cadet, tout près de la magnanerie;[50] la pauvre vieille se fit dresser[51] un lit à côté de leur chambre... Les magnans pouvaient avoir besoin d'elle, dans la nuit...

Vint la fête de saint Éloi, patron[52] des ménagers.

Grande joie au *mas*... Il y eut du château-neuf[53] pour tout le monde et du vin cuit[54] comme s'il en pleuvait. Puis des pétards,[55] des feux sur l'aire,[56] des lanternes de couleur plein les micocouliers...[57] Vive saint Éloi! On farandola à mort.[58] Cadet brûla sa blouse neuve... Jan lui-même avait l'air content; il voulut faire danser sa mère; la pauvre femme en pleurait de bonheur.

A minuit, on alla se coucher. Tout le monde avait besoin de dormir... Jan ne dormit pas, lui. Cadet a raconté depuis que toute la nuit il avait sangloté...[59]

Ah! je vous réponds qu'il était bien mordu,[60] celui-là...

Le lendemain, à l'aube,[61] la mère entendit quelqu'un traverser sa chambre en courant. Elle eut comme un pressentiment.[62]

«Jan, c'est toi?»

Jan ne répond pas; il est déjà dans l'escalier.

Vite, vite la mère se lève:

«Jan, où vas-tu?»

Il monte au grenier; elle monte derrière lui:

«Mon fils, au nom du Ciel!»

[47] la ferrade   *festival of the branding of bulls*
[48] la vote   la fête où l'on fait des vœux ou souhaits solennels
[49] la farandole   danse provençale
[50] la magnanerie   *silkworm nursery*
[51] dresser   ici, préparer

[52] le patron   ici, le protecteur

[53] le château-neuf   vin rouge de la vallée du Rhône
[54] le vin cuit   avec des épices (*spices*) et du sucre
[55] un pétard   petite charge d'explosif (*firecracker*)
[56] une aire   *threshing floor*
[57] plein les micocouliers   *the elms filled with (lanterns)*
[58] à mort   jusqu'à être mort de fatigue

[59] sangloter   *to sob*

[60] être mordu   ici, être très amoureux

[61] l'aube   le lever du jour

[62] un pressentiment   *a foreboding*

Il ferme la porte et tire le verrou.[63]

«Jan, mon Janet, réponds-moi. Que vas-tu faire?»

A tâtons,[64] de ses vieilles mains qui tremblent,
5 elle cherche le loquet!...[65] Une fenêtre qui s'ouvre,
le bruit d'un corps sur les dalles[66] de la cour, et
c'est tout...

Il s'était dit, le pauvre enfant: «Je l'aime trop...
Je m'en vais...» Ah! misérables cœurs que nous
10 sommes! C'est un peu fort pourtant que le mépris[67]
ne puisse pas tuer l'amour!...

Ce matin-là, les gens du village se demandèrent
qui pouvait crier ainsi, là-bas, du côté du *mas*
d'Estève...

15 C'était, dans la cour, devant la table de pierre
couverte de rosée[68] et de sang, la mère toute nue qui
se lamentait, avec son enfant mort sur ses bras.

[63] tirer le verrou *to draw the bolt*

[64] à tâtons *groping*

[65] le loquet *the (door) latch*

[66] une dalle *flagstone*

[67] le mépris *contempt*

[68] la rosée *dew*

EXERCICES

I. Exercice de vocabulaire

Remplacez les tirets par l'un des verbes suivantes.

aboyer
longer
mépriser
dresser
s'ébranler
prouver
redouter
serrer le cœur
tâtonner
passer pour

1. L'Arlésienne avait une mauvaise réputation, celle de _____ une coquette.
2. Le narrateur craignait le soleil provençal de midi et avait l'habitude de _____ les murs pour être à l'ombre des ormes.
3. _____ une personne, une action, une chose, c'est en avoir peur.
4. Le lamentable spectacle de la ferme, sans bruit et sans vie, ne manquait pas de _____ des passants.
5. Un homme était allé voir les parents de Jan pour _____ que l'Arlésienne n'était qu'une coquine.
6. N'avoir aucun intérêt, aucune estime, aucune sympathie, pour une personne, c'est la _____.
7. Accomplir quelque chose avec précision et sûreté est le contraire de _____.
8. Le voiturier a fait _____ la charrette lorsque le narrateur est monté à côté de lui.
9. Tout restait silencieux à la ferme; les passants ne faisaient même pas _____ les chiens.
10. La mère, ne croyant pas à la guérison de son fils, avait fait _____ un lit près de la chambre de Jan.

II. Exercice de grammaire
Prepositions

Complétez les phrases en employant les prépositions suivantes. Il se peut q'une seule préposition s'emploie dans plus d'une phrase.

à	entre
aux	le long (de)
avec	par
dans	près de
de	pour
depuis	sans
devant	sur
du	vers
en	

1. L'écrivain passait _____ une ferme provençale bâtie _____ la route quand il allait _____ son moulin _____ la petite ville voisine.
2. Cette maison était située _____ une cour plantée _____ arbres.
3. Elle lui serrait le cœur _____ son silence.
4. On aurait cru une maison inhabitée, _____ les rideaux des fenêtres et la fumée qui sortait _____ toit.
5. Un jour, _____ midi, _____ éviter le soleil, l'écrivain a marché _____ des murs et a enfin vu le portail ouvert.
6. _____ la cour, un vieil homme _____ vêtements _____ lambeaux, accoudé _____ une table, tenait sa tête _____ ses mains.
7. Sa femme et son fils sont passés _____ l'écrivain, _____ de gros paroissiens _____ la main.
8. Ils revenaient _____ la messe où ils allaient tous les jours _____ la mort de Jan.
9. Le charretier a sauté _____ sa voiture et a crié _____ ses chevaux _____ partir.
10. Et c'est _____ charretier, au fond d'une voiture _____ foin, que l'écrivain a appris cette histoire.

III. Traduction

En utilisant le vocabulaire ci-dessous, traduisez les phrases suivantes.

faire oublier	le malheur	se rendre compte
plus que jamais	je mourrai	faire dresser un lit
assister à	autour	un repas de noces

1. That house made me (feel) cold. There was too much silence all around.
2. The father has been like that since the misfortune of his son.
3. It is hard to make him forget the death of his son.
4. I will die if they don't give her to me.
5. It was almost a wedding meal, but Jan's fiancée did not attend it.
6. Do you realize that she was my mistress for two years?
7. Jan spoke no more of his fiancée, even though he loved her more than ever.
8. The old lady had a bed prepared for herself beside her son's room.

IV. Questions

Répondez aux questions suivantes par des phrases complètes.

1. En quoi la maison est-elle une vraie ferme provençale?
2. Pourquoi l'aurait-on cru inhabitée?
3. A quoi voyait-on cependant qu'elle était habitée?
4. Comment la mort du fils a-t-elle affecté le père?
5. Que fait la mère depuis que le fils s'est tué?
6. Pourquoi les femmes regardaient-elles Jan?
7. Pourquoi les parents n'approuvent-ils pas la liaison de Jan avec l'Arlésienne?
8. Pourquoi finissent-ils par approuver le mariage?

9. Que vient dire l'homme qui voulait parler à Maître Estève?
10. Quelle est la vie de Jan après cela?
11. Que propose la mère?
12. Que fait Jan pour rassurer ses parents?
13. Comment la mère surveille-t-elle son fils?
14. Décrivez la fête de St. Éloi.
15. Que fait Jan le lendemain de la fête?
16. Pourquoi les gens du village entendent-ils crier?

EUGÈNE IONESCO

Eugène Ionesco (né en 1912) a passé les premières
années de son enfance en France avant de revenir
dans son pays natal, la Roumanie, pour y faire ses
études universitaires. Il est revenu en France en
1938. Ses premières pièces, *La Cantatrice chauve*
et *La Leçon*, représentées en 1950, n'ont eu alors
de succès qu'auprès[1] d'un public très restreint.
Depuis ce temps, elles se jouent continuellement à
Paris dans un théâtre du Quartier latin et elles
ont été traduites et représentées par tout le monde.

    Ses autres pièces célèbres sont *Les Chaises,
Amédée ou comment s'en débarrasser, Le Nouveau
Locataire, Rhinocéros, Le Roi se meurt.* Son
théâtre est «autant visuel qu'auditif», d'où
l'importance de la lumière, du décor et des
accessoires.

    Pour Ionesco, l'écrivain ou le dramaturge n'est
pas celui qui apporte des solutions mais celui qui
pose des problèmes. Laissons-le s'exprimer:

J'ai voulu exprimer le malaise de l'existence;... j'ai
voulu dire également, que tout en parlant, les hommes
ne savaient pas ce qu'ils voulaient dire et qu'ils parlaient
pour ne rien dire,.... J'ai voulu exprimer le caractère
insolite[2] de notre existence.[3]

    Certaines pièces ont d'abord été écrites en récits
plus courts. Ainsi, la nouvelle *Oriflamme* a été le
point de départ de la pièce *Amédée ou comment
s'en débarrasser;* le récit *La Photo du colonel*
est devenu la pièce *Tueur sans gage.* La nouvelle
Rhinocéros a été publiée en 1957. La pièce du

[1] qu'auprès de *except with*

[2] insolite *unusual, strange*
[3] Interview de Ionesco dans
L'Express, 11 oct. 1970

même nom a été créée à Dusseldorf en Allemagne
en 1959 et présentée pour la première fois à Paris
en 1960. C'est avec grand succès qu'elle a été jouée
à New York ainsi que dans une quarantaine
d'autres pays. Elle a aussi été filmée.

Ionesco y décrit une «épidémie collective», des
gens qui ne pensent plus mais qui adoptent et
répètent des slogans. Ils se transforment en
rhinocéros, «animal terrible, borné[4] et qui fonce[5]
droit devant lui». Dans la même interview, Ionesco
reconnaît, qu'au lieu de rhinocéros, il aurait dû
choisir des moutons.

[4] **borné** *stupid*
[5] **foncer** *to charge*

Rhinocéros

A la mémoire d'André Frédérique

Nous discutions tranquillement de choses et d'autres, à la terrasse du café, mon ami Jean et moi, lorsque nous aperçûmes, sur le trottoir d'en face,[1] énorme, puissant, soufflant bruyamment,[2] fonçant
5 droit devant lui, frôlant[3] les étalages,[4] un rhinocéros. A son passage, les promeneurs s'écartèrent vivement[5] pour lui laisser le chemin libre. Une ménagère[6] poussa un cri d'effroi,[7] son panier lui échappa[8] des mains, le vin d'une bouteille brisée[9]
10 se répandit[10] sur le pavé, quelques promeneurs, dont un vieillard, entrèrent précipitamment dans les boutiques. Cela ne dura pas le temps d'un éclair. Les promeneurs sortirent de leurs refuges, des groupes se formèrent qui suivirent du regard le
15 rhinocéros déjà loin, commentèrent l'événement, puis se dispersèrent.

    Mes réactions sont assez lentes. J'enregistrai distraitement l'image du fauve[11] courant, sans y prêter une importance exagérée. Ce matin-là, en
20 outre,[12] je me sentais fatigué, la bouche amère,[13] à la suite des libations de la veille:[14] nous avions fêté[15] l'anniversaire d'un camarade. Jean n'avait pas été de la partie;[16] aussi, le premier moment de saisissement[17] passé:

25   — Un rhinocéros en liberté dans la ville! s'exclama-t-il, cela ne vous surprend pas? On ne devrait pas le permettre.

    — En effet, dis-je, je n'y avais pas pensé. C'est dangereux.

30   — Nous devrions protester auprès des autorités municipales.

    — Peut-être s'est-il échappé du Jardin zoologique, fis-je.

[1] **d'en face** opposé
[2] **soufflant bruyamment** *snorting noisily*
[3] **frôler** toucher presque (*to graze*)
[4] **les étalages** *display windows*
[5] **s'écarter vivement** *to step aside quickly*
[6] **une ménagère** femme qui s'occupe de sa maison (son ménage)
[7] **l'effroi** grande peur
[8] **échapper** ici, tomber
[9] **brisé** cassé (*broken*)
[10] **se répandre** couler (*to pour out, to spill*)
[11] **un fauve** animal sauvage et féroce
[12] **en outre** de plus (*moreover*)
[13] **amer** mauvais
[14] **libations de la veille** *drinks the night before*
[15] **fêter** célébrer
[16] **être de la partie** se joindre à un groupe, appartenir
[17] **le saisissement** grande émotion

— Vous rêvez! me répondit-il. Il n'y a plus de Jardin zoologique dans notre ville depuis que les animaux ont été décimés par la peste[18] au XVIIe siècle.

5   — Peut-être vient-il du cirque?

— Quel cirque? La mairie[19] a interdit[20] aux nomades de séjourner[21] sur le territoire de la commune.[22] Il n'en passe plus depuis notre enfance.

— Peut-être est-il resté depuis lors[23] caché dans
10 les bois marécageux des alentours,[24] répondis-je en bâillant.[25]

— Vous êtes tout à fait dans les brumes[26] épaisses de l'alcool...

— Elles montent de l'estomac...

15   — Oui. Et elles vous enveloppent le cerveau.[27] Où voyez-vous des bois marécageux dans les alentours? Notre province est surnommée[28] la Petite Castille, tellement elle est désertique.

— Peut-être s'est-il abrité[29] sous un caillou?[30]
20 Peut-être a-t-il fait son nid sur une branche desséchée?[31]

— Vous êtes ennuyeux[32] avec vos paradoxes. Vous êtes incapable de parler sérieusement.

— Aujourd'hui surtout.

25   — Aujourd'hui autant que d'habitude.

— Ne vous énervez pas,[33] mon cher Jean. Nous n'allons pas nous quereller pour ce fauve...

Nous changeâmes de sujet de conversation et nous nous remîmes[34] à parler du beau temps et de
30 la pluie[35] qui tombait si rarement dans la région, de la nécessité de faire venir, dans notre ciel, des nuages artificiels et d'autres banales questions insolubles.

Nous nous séparâmes. C'était dimanche. J'allai
35 me coucher, dormis toute la journée: encore un dimanche raté.[36] Le lundi matin j'allai au bureau, me promettant solennellement de ne plus jamais m'enivrer,[37] surtout le samedi, pour ne pas gâcher[38] les lendemains, les dimanches. En effet, j'avais un

[18] la peste   *plague*

[19] la mairie   la municipalité (*the town*)
[20] interdire   défendre (*to forbid*)
[21] séjourner   *to stay (a while), to tarry*
[22] la commune   la municipalité
[23] depuis lors   depuis ce moment
[24] les bois... alentours *the marshy surrounding woods*
[25] bâiller   *to yawn*
[26] les brumes   les vapeurs
[27] le cerveau   *brain*
[28] surnommé   appelé

[29] s'abriter   prendre refuge ou abri
[30] un caillou   *pebble*
[31] desséché   devenu sec, sans vie
[32] ennuyeux   ici, désagréable

[33] s'énerver   s'agiter, s'exciter

[34] se remettre à   recommencer
[35] parler... la pluie   *the common expression is* parler de la pluie et du beau temps = parler de choses sans importance

[36] raté   ici, perdu

[37] s'enivrer   boire trop d'alcool
[38] gâcher   perdre (*to ruin*)

seul jour libre par semaine, trois semaines de
vacances en été. Au lieu de boire et d'être malade,
ne valait-il pas mieux être frais et dispos,[39] passer
mes rares moments de liberté d'une façon plus
5 intelligente: visiter les musées, lire des revues
littéraires, entendre des conférences? Et au lieu de
dépenser tout mon argent disponible en spiritueux,[40] n'était-il pas préférable d'acheter des billets
de théâtre pour assister à des spectacles intéres-
10 sants? Je ne connaissais toujours pas le théâtre
d'avant-garde, dont on parlait tant, je n'avais vu
aucune des pièces de Ionesco. C'était le moment ou
jamais de me mettre à la page.[41]

    Le dimanche suivant, je rencontrai Jean, de
15 nouveau, à la même terrasse.

    — J'ai tenu parole,[42] lui dis-je en lui tendant la
main.

    — Quelle parole avez-vous tenue? me demanda-
t-il.

20   — J'ai tenu parole à moi-même. J'ai juré[43] de
ne plus boire. Au lieu de boire, j'ai décidé de cultiver
mon esprit. Aujourd'hui, j'ai la tête claire. Cet après-
midi je vais au musée municipal, ce soir j'ai une
place au théâtre. M'accompagnez-vous?

25   —Espérons que vos bonnes intentions vont
durer,[44] répondit Jean. Mais je ne puis aller avec
vous. Je dois rencontrer des amis à la brasserie.[45]

    — Ah, mon cher, c'est à votre tour de donner de
mauvais exemples. Vous allez vous enivrer!

30   — Une fois n'est pas coutume,[46] répondit Jean
d'un ton irrité. Tandis que vous...

    La discussion allait fâcheusement[47] tourner,
lorsque nous entendîmes un barrissement[48] puissant, les bruits précipités des sabots[49] d'un périsso-
35 dactyle,[50] des cris, le miaulement[51] d'un chat;
presque simultanément nous vîmes apparaître, puis
disparaître, le temps d'un éclair, sur le trottoir
opposé, un rhinocéros soufflant bruyamment et

[39] dispos   alerte

[40] les spiritueux   l'alcool

[41] se mettre à la page
to be abreast of the times

[42] tenir parole   *to keep a*
promise

[43] jurer   *to swear*

[44] durer   continuer

[45] une brasserie   un café

[46] une fois n'est pas
coutume   c'est une
exception
[47] fâcheusement   mal
[48] un barrissement   le cri
d'un éléphant, d'un
rhinocéros
[49] les sabots   *hooves*
[50] un périssodactyle   un
rhinocéros
[51] le miaulement   le cri
d'un chat

fonçant, à toute allure,[52] droit devant lui.

Tout de suite après, surgit[53] une femme tenant dans ses bras une petite masse informe, sanglante:[54]

5   — Il a écrasé[55] mon chat, se lamentait-elle, il a écrasé mon chat!

Des gens entourèrent la pauvre femme échevelée[56] qui semblait l'incarnation même de la désolation, la plaignirent.[57]

10   — Si ce n'est pas malheureux, s'écriaient-ils,[58] pauvre petite bête![59]

Jean et moi nous nous levâmes. D'un bond[60] nous traversâmes la rue, entourâmes la malheureuse:

15   — Tous les chats sont mortels, fis-je stupidement, ne sachant comment la consoler.

— Il est déjà passé la semaine dernière devant ma boutique! se souvint l'épicier.[61]

— Ce n'était pas le même, affirma Jean. Ce
20 n'était pas le même: celui de la semaine dernière avait deux cornes sur le nez, c'était un rhinocéros d'Asie; celui-ci n'en a qu'une: c'est un rhinocéros d'Afrique.

— Vous dites des sottises,[62] m'énervai-je. Comment
25 avez-vous pu distinguer les cornes! Le fauve est passé à une telle vitesse, à peine avons-nous pu l'apercevoir; vous n'avez pas eu le temps de les compter...

— Moi, je ne suis pas dans le brouillard,[63]
30 répliqua[64] vivement Jean. J'ai l'esprit clair, je calcule vite.

— Il fonçait tête baissée.

— Justement, on voyait mieux.

— Vous n'êtes qu'un prétentieux, Jean. Un
35 pédant, un pédant qui n'est pas sûr de ses connaissances. Car, d'abord, c'est le rhinocéros d'Asie qui a une corne sur le nez; le rhinocéros d'Afrique, lui, en a deux!

[52] **à toute allure** *full speed*

[53] **surgir** apparaître brusquement (*suddenly*)

[54] **informe, sanglant** sans forme, couvert de sang (*blood*)

[55] **écraser** passer sur (*to crush*)

[56] **échevelé** *disheveled*

[57] **plaindre** avoir de la pitié pour

[58] **s'écrier** s'exclamer

[59] **une bête** un animal

[60] **d'un bond** en se précipitant

[61] **l'épicier** *grocer*

[62] **une sottise** une stupidité

[63] **ne pas être dans le brouillard** (*fog*) voir clair, comprendre

[64] **répliquer** répondre

— Vous vous trompez, c'est le contraire.

— Voulez-vous parier?[65]

— Je ne parie pas avec vous. Les deux cornes,
c'est vous qui les avez, cria-t-il, rouge de colère,
5   espèce[66] d'Asiatique! (Il n'en démordait pas.)[67]

— Je n'ai pas de cornes. Je n'en porterai jamais.
Je ne suis pas Asiatique non plus. D'autre part, les
Asiatiques sont des hommes comme tout le monde.

— Ils sont jaunes! cria-t-il, hors de lui.[68]

10   Jean me tourna le dos, s'éloigna[69] à grands pas,
en jurant.

Je me sentais ridicule. J'aurais dû être plus
conciliant, ne pas le contredire:[70] je savais, pourtant,
qu'il ne le supportait pas. La moindre objection le
15   faisait écumer.[71] C'était son seul défaut, il avait un
cœur d'or, m'avait rendu d'innombrables services.
Les quelques gens qui étaient là et nous avaient
écoutés en avaient oublié le chat écrasé de la pauvre
femme. Ils m'entouraient, discutaient: les uns
20   soutenaient qu'en effet le rhinocéros d'Asie était
unicorne, et me donnaient raison; les autres soutenaient au contraire que le rhinocéros unicorne
était africain, donnant ainsi raison à mon préopinant.[72]

25   — Là n'est pas la question, intervint un monsieur (canotier,[73] petite moustache, lorgnon,[74] tête
caractéristique du logicien) qui s'était tenu jusque-
là de côté sans rien dire. Le débat portait sur[75] un
problème dont vous vous êtes écartés. Vous vous
30   demandiez au départ si le rhinocéros d'aujourd'hui
est celui de dimanche dernier ou bien si c'en est un
autre. C'est à cela qu'il faut répondre. Vous pouvez
avoir vu deux fois un même rhinocéros portant une
seule corne, comme vous pouvez avoir vu deux fois
35   un même rhinocéros à deux cornes. Vous pouvez
encore avoir vu un premier rhinocéros à une corne,
puis un autre ayant également une seule corne. Et

[65] **parier**   *to bet*

[66] **espèce de...**   pour
augmenter une insulte
(*you lousy Asiatic!*)
[67] **ne pas en démordre**
ne pas changer son opinion

[68] **hors de lui**   furieux

[69] **s'éloigner**   s'en aller,
partir

[70] **contredire**   *to contradict*

[71] **faire écumer**   ici,
exaspérer

[72] **un préopinant**   celui
qui a donné une opinion
avant un autre (i.e., Jean)
[73] **un canotier**   chapeau
de taille (*straw*) pour homme
[74] **un lorgnon**   un pince-nez
(*eyeglasses*)
[75] **porter sur**   avoir pour
objet

aussi, un premier rhinocéros à deux cornes, puis un second rhinocéros à deux cornes. Si vous aviez vu la première fois un rhinocéros à deux cornes, la seconde fois un rhinocéros à une corne, cela ne

5   serait pas concluant[76] non plus. Il se peut que depuis la semaine dernière le rhinocéros ait perdu une de ses cornes et que celui d'aujourd'hui soit le même. Il se peut aussi que deux rhinocéros à deux cornes aient perdu tous les deux une de leurs

10   cornes. Si vous pouviez prouver avoir vu, la première fois, un rhinocéros à une corne, qu'il fût asiatique ou africain, et aujourd'hui un rhinocéros à deux cornes, qu'il fût, peu importe, africain ou asiatique, à ce moment-là nous pourrions conclure que nous

15   avons affaire[77] à deux rhinocéros différents, car il est peu probable qu'une deuxième corne puisse pousser en quelques jours, de façon visible, sur le nez d'un rhinocéros; cela ferait d'un rhinocéros asiatique ou africain, un rhinocéros africain ou

20   asiatique, ce qui n'est pas possible en bonne logi- que, une même créature ne pouvant être née en deux lieux à la fois ni même successivement.

     — Cela me semble clair, dis-je, mais cela ne résout[78] pas la question.

25   — Évidemment, répliqua le monsieur en sou- riant d'un air compétent, seulement le problème est posé de façon correcte.

     — Là n'est pas non plus le problème, repartit[79] l'épicier qui, ayant sans doute un tempérament[80]

30   passionnel, se souciait[81] peu de la logique. Pouvons- nous admettre que nos chats soient écrasés sous nos yeux par des rhinocéros à deux cornes ou à une corne, fussent-ils asiatiques ou africains?

     — Il a raison, c'est juste, s'exclamèrent les gens.

35   Nous ne pouvons permettre que nos chats soient écrasés, par des rhinocéros ou par n'importe quoi!

     L'épicier nous montra d'un geste théâtral la

[76] concluant   décisif

[77] avoir affaire à   *to deal with*

[78] résoudre   *to resolve*

[79] répartir   répondre

[80] un tempérament   une personnalité

[81] se soucier de   prendre intérêt à

pauvre femme en larmes tenant toujours dans ses bras, et la berçant,[82] la masse informe, sanguinolente, de ce qui avait été son chat.

5 Le lendemain, dans le journal, à la rubrique des chats écrasés,[83] on rendait compte[84] en deux lignes de la mort de la pauvre bête, «foulée[85] aux pieds par un pachyderme»,[86] disait-on sans donner d'autres détails.

10 Le dimanche après-midi, je n'avais pas visité les musées; le soir je n'étais pas allé au théâtre. Je m'étais morfondu,[87] tout seul, à la maison, accablé[88] par le regret de m'être querellé avec Jean.

«Il est tellement susceptible,[89] j'aurais dû l'épargner»,[90] m'étais-je dit. «C'est absurde de se fâcher[91]
15 pour une chose pareille... pour les cornes d'un rhinocéros que l'on n'avait jamais vu auparavant... un animal originaire d'Afrique ou d'Asie, contrées si lointaines, qu'est-ce que cela pouvait bien me faire?[92] Tandis que Jean, lui, au contraire était un
20 ami de toujours qui... à qui je devais tant... et qui...»

Bref, tout en me promettant d'aller voir Jean le plus tôt possible et de me raccommoder[93] avec lui, j'avais bu une bouteille entière de cognac sans m'en apercevoir.[94] Je m'en aperçus ce lendemain-là juste-
25 ment: mal aux cheveux,[95] gueule de bois,[96] mauvaise conscience, j'étais vraiment très incommodé.[97] Mais le devoir avant tout: j'arrivai au bureau à l'heure, ou presque. Je pus signer la feuille de présence à l'instant même où on allait l'enlever.[98]

30 — Alors, vous aussi vous avez vu des rhinocéros? me demanda le chef qui, à ma grande surprise, était déjà là.

— Bien sûr, je l'ai vu, dis-je, en enlevant mon veston de ville pour mettre mon vieux veston aux
35 manches usées,[99] bon pour le travail.

— Ah, vous voyez! Je ne suis pas folle! s'écria Daisy, la dactylo,[100] très émue.[101] (Qu'elle était jolie, avec ses joues roses, ses blonds cheveux! Elle me plaisait en diable.[102] Si je pouvais être amoureux, c'est d'elle que je le serais...) Un rhinocéros unicorne!

5 — Avec deux cornes! rectifia mon collègue, Émile Dudard, licencié en droit,[103] éminent juriste, promis à un brillant avenir dans la maison et, peut-être, dans le cœur de Daisy.

— Moi je ne l'ai pas vu! Et je n'y crois pas! 10 déclara Botard, ancien instituteur qui faisait fonction d'archiviste. Et personne n'en a jamais vu dans le pays, sauf sur les images dans les manuels scolaires. Ces rhinocéros n'ont fleuri que dans l'imagination des bonnes femmes.[104] C'est un mythe, tout 15 comme les soucoupes volantes.[105]

J'allais faire remarquer à Botard que l'expression «fleurir» appliquée à un ou plusieurs rhinocéros me semblait impropre,[106] lorsque le juriste s'écria:

— Il y a tout de même eu un chat écrasé, et des 20 témoins![107]

— Psychose collective, répliqua Botard qui était un esprit fort, c'est comme la religion qui est l'opium des peuples!

— J'y crois, moi, aux soucoupes volantes, fit 25 Daisy.

Le chef coupa court[108] à la polémique:

— Ça va[109] comme ça! Assez de bavardages! Rhinocéros ou non, soucoupes volantes ou non, il faut que le travail soit fait.

30 La dactylo se mit à taper.[110] Je m'assis à ma table de travail, m'absorbai dans mes écritures. Émile Dudard commença à corriger les épreuves[111] d'un commentaire de la loi sur la répression de l'alcoolisme, tandis que le chef, claquant[112] la porte, 35 s'était retiré dans son cabinet.[113]

— C'est une mystification! maugréa[114] encore Botard à l'adresse de Dudard. C'est votre propagande qui fait courir ces bruits![115]

[102] en diable   beaucoup

[103] licencié en droit   qui a un degré universitaire (études légales)

[104] une bonne femme (*pop.*) une femme
[105] une soucoupe volante *flying saucer*

[106] impropre   *incorrect*

[107] un témoin   *witness*

[108] couper court   arrêter
[109] ça va!   c'est assez!

[110] taper   écrire à la machine

[111] les épreuves   *proofs*

[112] claquer   fermer avec bruit
[113] un cabinet   *office*
[114] maugréer   *to grumble*

[115] faire courir un bruit faire circuler une rumeur

— Ce n'est pas de la propagande, intervins-je.

— Puisque j'ai vu..., confirma Daisy en même temps que moi.

— Vous me faites rire, dit Dudard à Botard. De
5 la propagande? Dans quel but?

— Vous le savez mieux que moi! Ne faites pas l'innocent!

— En tout cas, moi je ne suis pas payé par les Ponténégrins![116]

10 — C'est une insulte! fit Botard en tapant du poing[117] sur la table.

La porte du cabinet du chef s'ouvrit soudain; sa tête apparut:

— M. Bœuf n'est pas venu aujourd'hui.

15 — En effet. Il est absent, fis-je.

— J'avais justement besoin de lui. A-t-il annoncé qu'il était malade? Si ça continue, je vais le mettre à la porte.[118]

Ce n'était pas la première fois que le chef pro-
20 férait[119] de pareilles menaces[120] à l'adresse de notre collègue.

— Quelqu'un d'entre vous a-t-il la clé de son secrétaire?[121] poursuivit-il.

Juste à ce moment Mme Bœuf fit son entrée.
25 Elle paraissait effrayée:[122]

— Je vous prie d'excuser mon mari. Il est parti dans sa famille pour le week-end. Il a une légère grippe. Tenez, il le dit dans son télégramme. Il espère être de retour mercredi. Donnez-moi un verre
30 d'eau... et une chaise! fit-elle, et elle s'écroula[123] sur le siège que nous lui tendîmes.[124]

— C'est bien ennuyeux! Mais ce n'est pas une raison pour vous affoler![125] observa le chef.

— J'ai été poursuivie par un rhinocéros depuis
35 la maison jusqu'ici, balbutia-t-elle.[126]

— Unicorne ou à deux cornes? demandai-je.

— Vous me faites rigoler![127] s'exclama Botard.

— Laissez-la donc parler! s'indigna Dudard.

[116] **les Ponténégrins** les habitants d'un pays imaginaire
[117] **le poing** *fist*

[118] **mettre à la porte** renvoyer (*to fire*)

[119] **proférer** prononcer
[120] **une menace** *threat*

[121] **un secrétaire** *desk*

[122] **effrayé** qui a grand peur

[123] **s'écrouler** tomber
[124] **tendre** offrir

[125] **s'affoler** perdre la tête

[126] **balbutier** *to stammer*

[127] **rigoler** (*pop.*) rire

Mme Bœuf dut faire un grand effort pour préciser:

— Il est là, en bas, à l'entrée. Il a l'air de vouloir monter l'escalier.

5   Au même instant, un bruit énorme se fit entendre: les marches de l'escalier s'effondraient[128] sans doute sous un poids formidable. Nous nous précipitâmes sur le palier.[129] En effet, parmi les décombres,[130] tête basse, poussant des barrissements angoissés et angoissants,[131] un rhinocéros était là qui tournait inutilement en rond. Je pus voir qu'il avait deux cornes.

— C'est un rhinocéros africain..., dis-je, ou plutôt asiatique.

15   La confusion de mon esprit était telle que je ne savais plus si la bicornuité caractérisait le rhinocéros d'Asie ou celui d'Afrique, si l'unicornuité caractérisait le rhinocéros d'Afrique ou d'Asie, ou si, au contraire, la bicornuité... Bref, je cafouillais[132] mentalement, tandis que Botard foudroyait[133] Dudard du regard.

— C'est une machination infâme! et, d'un geste d'orateur de tribune, pointant son doigt vers le juriste: C'est votre faute!

25   — C'est la vôtre! répliqua ce dernier.

— Calmez-vous, ce n'est pas le moment! déclara Daisy, tentant, en vain, de les apaiser.[134]

— Depuis le temps que je demande à la Direction générale de nous construire des marches de ciment pour remplacer ce vieil escalier vermoulu![135] dit le chef. Une chose pareille devait fatalement arriver. C'était à prévoir. J'ai eu raison!

— Comme d'habitude, ironisa Daisy. Mais comment allons-nous descendre?

35   — Je vous prendrai dans mes bras! plaisanta[136] amoureusement le chef en caressant la joue de la dactylo, et nous sauterons ensemble!

— Ne mettez pas sur ma figure votre main

[128] **s'effondrer**   *to cave in*

[129] **le palier**   plate-forme d'escalier (*landing*)
[130] **les décombres**   les ruines
[131] **angoissés et angoissants**   *anguished and anguishing*

[132] **cafouiller** (*pop.*)   *to be befuddled, mixed up*
[133] **foudroyer du regard**   *to cast a withering glance at*

[134] **apaiser**   calmer

[135] **vermoulu**   très vieux (*worm-eaten*)

[136] **plaisanter**   *to joke*

rugueuse,[137] espèce de pachyderme!

   Le chef n'eut pas le temps de réagir. Mme Bœuf, qui s'était levée et nous avait rejoints, et qui fixait depuis quelques instants attentivement le rhino-
5 céros tournant en rond au-dessous de nous, poussa brusquement un cri terrible:

   — C'est mon mari! Bœuf, mon pauvre Bœuf, que t'est-il arrivé?

   Le rhinocéros, ou plutôt Bœuf, répondit par un
10 barrissement à la fois violent et tendre, tandis que Mme Bœuf s'évanouissait[138] dans mes bras et que Botard, levant les siens, tempêtait:[139]

   — C'est de la folie pure! Quelle société!

   Les premiers moments de surprise passés, nous
15 téléphonâmes aux pompiers[140] qui arrivèrent avec leurs échelles,[141] nous firent descendre. Mme Bœuf, bien que nous le lui ayons déconseillé,[142] partit sur le dos de son conjoint[143] vers le domicile conjugal. C'était une raison pour elle de divorcer (aux torts de
20 qui?),[144] mais elle préférait ne pas abandonner son mari dans cet état.

   Au petit bistrot[145] où nous allâmes tous déjeuner (sans les Bœuf, bien sûr), nous apprîmes que plusieurs rhinocéros avaient été
25 signalés dans différents coins de la ville: sept selon les uns; dix-sept selon les autres; trente-deux selon d'autres encore. Devant tous ces témoi-gnages,[146] Botard ne pouvait plus nier[147] l'évidence rhinocérique. Mais il savait, affirmait-il, à quoi
30 s'en tenir.[148] Il nous l'expliquerait un jour. Il con-naissait le «pourquoi» des choses, les «dessous» de l'histoire, les «noms» des responsables, le but et la signification de cette provocation. Il n'était pas question de retourner au bureau l'après-midi, tant
35 pis[149] pour les affaires. Il fallait attendre qu'on réparât l'escalier.

   J'en profitai pour rendre visite à Jean, dans

[137] **rugueux** *rough*

[138] **s'évanouir** *to faint*
[139] **tempêter** *to thunder*

[140] **un pompier** *fireman*
[141] **une échelle** *ladder*
[142] **déconseiller** *to advise against*
[143] **le conjoint** personne jointe à une autre par le mariage (*spouse*)
[144] **aux torts de qui?** qui est à blâmer?
[145] **un bistrot** un petit café

[146] **un témoignage** *testimony*
[147] **nier** *to deny*
[148] **s'en tenir à** *to stick to*

[149] **tant pis** *so much the worse*

l'intention de me réconcilier avec lui. Il était
couché.

— Je ne me sens pas très bien! dit-il.

— Vous savez, Jean, nous avions raison tous
5 les deux. Il y a dans la ville des rhinocéros à deux
cornes aussi bien que des rhinocéros à une corne.
D'où viennent les uns, d'où viennent les autres,
cela importe peu au fond.[150] Ce qui compte à mes
yeux c'est l'existence du rhinocéros en soi.[151]

10   — Je ne me sens pas très bien, répétait mon
ami, sans m'écouter, je ne me sens pas très bien!

— Qu'avez-vous donc? Je suis désolé!

— Un peu de fièvre. Des migraines.

C'était le front[152] plus précisément qui lui
15 faisait mal. Il devait, disait-il, s'être cogné.[153] Il
avait une bosse,[154] en effet, qui pointait[155] juste
au-dessus du nez. Son teint était verdâtre.[156] Il
était enroué.[157]

— Avez-vous mal à la gorge? C'est peut-être
20 une angine.[158]

Je pris son pouls.[159] Il battait à un rhythme
régulier.

— Ce n'est certainement pas très grave. Quelques jours de repos et ce sera fini. Avez-vous fait
25 venir le médecin?

Avant de lâcher son poignet,[160] je m'aperçus
que ses veines étaient toutes gonflées, sail-
lantes.[161] Observant de plus près, je remarquai que
non seulement les veines étaient grossies mais
30 que la peau tout autour changeait de couleur à
vue d'œil[162] et durcissait.[163]

«C'est peut-être plus grave que je ne croyais»,
pensai-je.

— Il faut appeler le médecin, fis-je à voix
35 haute.

— Je me sentais mal à l'aise dans mes vêtements, maintenant mon pyjama aussi me gêne,
dit-il d'une voix rauque.

[150] cela importe peu au fond
it's really not important
[151] en soi   en elle-même

[152] le front   *forehead*
[153] se cogner   *to bump or to
knock oneself*
[154] une bosse   *bump*
[155] pointait (poindre)
appeared
[156] le teint verdâtre
greenish complexion
[157] enroué   *hoarse*
[158] une angine   *sore throat*
[159] le pouls   *pulse*

[160] lâcher le poignet   *to let
go of his wrist*

[161] gonflé, saillant
swollen, protruding

[162] à vue d'œil   très
rapidement
[163] durcir   *to harden*

— Qu'est-ce qu'elle a, votre peau? On dirait du cuir...[164] Puis, le regardant fixement: Savez-vous ce qui est arrivé à Bœuf? Il est devenu rhinocéros.

5 — Et alors? Ce n'est pas si mal que cela! Après tout, les rhinocéros sont des créatures comme nous, qui ont droit à la vie au même titre[165] que nous...

— A condition qu'elles ne détruisent pas la
10 nôtre. Vous rendez-vous compte de la différence de mentalité?

— Pensez-vous que la nôtre soit préférable?

— Tout de même, nous avons notre morale à nous que je juge incompatible avec celle de ces ani-
15 maux. Nous avons une philosophie, un système de valeurs irremplaçable...

— L'humanisme est périmé![166] Vous êtes un vieux sentimental ridicule. Vous me racontez des bêtises.[167]
20 — Je suis étonné de vous entendre dire cela, mon cher Jean! Perdez-vous la tête?

Il semblait vraiment la perdre. Une fureur aveugle avait défiguré son visage, transformé sa voix à tel point que je comprenais à peine les
25 mots qui sortaient de sa bouche.

— De telles affirmations venant de votre part..., voulus-je continuer.

Il ne m'en laissa pas le loisir.[168] Il rejeta ses couvertures, arracha son pyjama, se leva sur son
30 lit, entièrement nu (lui, lui, si pudique d'habitude!), vert de colère des pieds à la tête.

La bosse de son front s'était allongée;[169] son regard était fixe, il ne semblait plus me voir. Ou plutôt si, il me voyait très bien car il fonça vers
35 moi, tête baissée. J'eus à peine le temps de faire un saut de côté, autrement il m'aurait cloué[170] au mur.

— Vous êtes rhinocéros! criai-je.

[164] le cuir   *leather*

[165] au même titre   de la même manière

[166] périmé   *out of date*

[167] une bêtise   une stupidité

[168] le loisir   ici, le temps

[169] s'allonger   devenir plus long

[170] clouer   *to nail*

— Je te piétinerai![171] Je te piétinerai! pus-je encore comprendre en me précipitant vers la porte.

Je descendis les étages quatre à quatre,[172] tandis que les murs s'ébranlaient[173] sous ses coups de corne et que je l'entendais pousser d'effroyables barrissements rageurs.

— Appelez la police! Appelez la police! Vous avez un rhinocéros dans l'immeuble![174] criai-je aux locataires[175] de la maison qui, tout étonnés, entrouvraient,[176] sur les paliers, les portes de leurs appartements, à mon passage.

J'eus beaucoup de peine à éviter au rez-de-chaussée[177] le rhinocéros qui, sortant de la loge[178] de la concierge, voulait me charger, avant de me trouver enfin dans la rue, en sueur,[179] les jambes molles, à bout de[180] forces.

Heureusement, un banc était là, au bord du trottoir, sur lequel je m'assis. A peine eus-je le temps de reprendre tant bien que mal[181] mon souffle: je vis un troupeau de rhinocéros qui dévalaient[182] l'avenue en pente,[183] s'approchant à toute allure de l'endroit où je me trouvais. Si encore ils s'étaient contentés du milieu de la rue! Mais non, ils étaient si nombreux qu'ils n'avaient pas assez de place pour s'y maintenir et débordaient[184] sur le trottoir. Je sautai de mon banc, m'aplatis[185] contre un mur: soufflant, barrissant, sentant le fauve en chaleur et le cuir, ils me frôlèrent, m'enveloppèrent dans un nuage de poussière.[186] Quand ils eurent disparu, je ne pus me rasseoir sur le banc: les fauves l'avaient démoli, et il gisait,[187] en morceaux, sur le pavé.

J'eus du mal à me remettre[188] de ces émotions. Je dus rester quelques jours à la maison. Je recevais les visites de Daisy qui me tenait au courant[189] des mutations qui se produisaient.

[171] piétiner écraser (*to crush*) avec les pieds

[172] quatre à quatre précipitamment
[173] s'ébranler trembler (*to shake*)

[174] un immeuble *apartment house*
[175] un locataire *tenant*
[176] entrouvrir ouvrir à demi

[177] le rez-de chaussée *ground floor*
[178] la loge le petit appartement
[179] la sueur la perspiration
[180] à bout de sans plus avoir de

[181] tant bien que mal *as best as I could*
[182] dévaler descendre rapidement
[183] en pente *sloping*

[184] déborder *to overflow*

[185] s'aplatir *to flatten oneself*

[186] la poussière *dust*

[187] il gisait il était par terre (gésir: *to lie*)

[188] se remettre *to recover*

[189] tenir au courant *to keep one informed*

C'est le chef de bureau qui, le premier, était devenu rhinocéros, à la grande indignation de Botard qui, cependant, devint lui-même rhinocéros vingt-quatre heures plus tard.

5 — Il faut suivre son temps![190] furent ses dernières paroles humaines.

Le cas de Botard ne m'étonnait guère, malgré sa fermeté apparente. Je comprenais moins facilement le changement du chef. Bien sûr, chez lui, la transformation était peut-être involontaire, mais on pouvait penser qu'il aurait eu la force de mieux résister.

Daisy se souvint qu'elle lui avait fait remarquer qu'il avait les paumes[191] des mains rugueuses le jour même de l'apparition de Bœuf en rhinocéros. Ceci avait dû beaucoup l'impressionner; il ne l'avait pas fait voir, mais il avait certainement été touché en profondeur.[192]

— Si j'avais été moins brutale, si je lui avais fait remarquer cela avec plus de ménagements,[193] la chose ne serait peut-être pas advenue.[194]

— Je me reproche moi aussi de ne pas avoir été plus doux avec Jean. J'aurais dû lui montrer plus d'amitié, être plus compréhensif,[195] dis-je à mon tour.

Daisy m'apprit que Dudard aussi avait changé, ainsi qu'un cousin à elle que je ne connaissais pas. D'autres personnes encore, des amis communs, des inconnus.

30 — Ils sont nombreux, fit-elle, peut-être un quart des habitants de la ville.

— Il sont tout de même encore en minorité.

— Du train où vont les choses,[196] cela ne va pas durer longtemps! soupira-t-elle.

35 — Hélas! Et ils sont tellement plus efficaces.[197]

Les troupeaux de rhinocéros parcourant les rues à toute vitesse devinrent une chose dont plus personne ne s'étonnait.[198] Les gens s'écartaient

[190] **il faut suivre son temps!** *you've got to keep up with the times!*

[191] **la paume** *palm*

[192] **en profondeur** profondément

[193] **un ménagement** une précaution
[194] **advenir** arriver

[195] **compréhensif** *understanding*

[196] **du train... choses** si les choses continuent comme cela
[197] **efficace** *efficient*

[198] **dont plus personne ne s'étonnait** *which no longer surprised anyone*

sur leur passage puis reprenaient leur promenade, vaquaient[199] à leurs affaires, comme si de rien n'était.

— Comment peut-on être rhinocéros![200] C'est
5   impensable! avais-je beau[201] m'écrier.

Il en sortait[202] des cours, il en sortait des maisons, par les fenêtres aussi, qui allaient rejoindre les autres.

A un moment donné, les autorités voulurent
10   les parquer[203] dans de vastes enclos.[204] Pour des raisons humanitaires, la Société Protectrice des Animaux s'y opposa. D'autre part, chacun avait parmi les rhinocéros un parent proche, un ami, ce qui, pour des raisons faciles à comprendre, rendait
15   à peu près impossible la mise en pratique du projet. On l'abandonna.

La situation s'aggrava, ce qui était à prévoir.[205] Un jour, tout un régiment de rhinocéros, après avoir fait s'écrouler les murs de la ca-
20   serne,[206] en sortit, tambours[207] en tête, et se déversa[208] sur les boulevards.

Au ministère de la statistique, les statisticiens statistiquaient: recensement[209] des animaux, calcul approximatif de l'accroissement quotidien[210] de leur
25   nombre, tant pour cent[211] d'unicornes, tant de bicornus... Quelle occasion de savantes controverses! Il y eut bientôt des défections parmi les statisticiens eux-mêmes. Les rares qui restaient furent payés à prix d'or.[212]

30   Un jour, de mon balcon, j'aperçus, barrissant et fonçant à la rencontre de ses camarades sans doute, un rhinocéros portant un canotier empalé sur sa corne.

— Le logicien! m'écriai-je. Lui aussi, comment
35   est-ce possible?

Juste à cet instant, Daisy ouvrit la porte.

— Le logicien est rhinocéros! lui dis-je.

Elle le savait. Elle venait de l'apercevoir dans la

[199] **vaquer à**   s'occuper de

[200] **comment... rhinocéros!** *Ionesco parodies the famous last sentence of Montesquieu's* Lettre XXX (Les Lettres persanes, 1721): «Comment peut-on être Persan?», *in which the Parisians' naïve curiosity is gently satirized.*

[201] **avoir beau** *to do something in vain*

[202] **il en sortait...** *some came out from . . . others . .*

[203] **parquer** *to pen, to enclose*

[204] **un enclos** *fenced-in enclosure*

[205] **prévoir** anticiper

[206] **la caserne** *barracks*

[207] **un tambour** *drum*

[208] **se déverser** *to flow, to pour*

[209] **le recensement** *census*

[210] **l'accroissement quotidien** *daily increase*

[211] **tant pour cent** *so much percentage of*

[212] **à prix d'or** *très cher*

rue. Elle apportait un panier de provisions.[213]

— Voulez-vous que nous déjeunions ensemble? proposa-t-elle. Vous savez, j'ai eu du mal à trouver de quoi manger. Les magasins sont
5 ravagés: ils dévorent tout. Une quantité d'autres boutiques sont fermées «pour cause de transformation», est-il dit sur les écriteaux.[214]

— Je vous aime, Daisy, ne me quittez plus.

— Ferme la fenêtre, chéri. Ils font trop de
10 bruit. Et la poussière monte jusqu'ici.

— Tant que nous sommes ensemble, je ne crains rien, tout m'est égal.[215] Puis, après avoir fermé la fenêtre: Je croyais que je n'allais plus pouvoir tomber amoureux d'une femme.

15 Je la serrai[216] dans mes bras très fort. Elle répondit à mon étreinte.[217]

— Comme je voudrais vous rendre heureuse! Pouvez-vous l'être avec moi?

— Pourquoi pas? Vous affirmez ne rien craindre
20 et vous avez peur de tout! Que peut-il nous arriver?

— Mon amour, ma joie! balbutiai-je en baisant ses lèvres avec une passion que je ne me connaissais plus, intense, douloureuse.

La sonnerie[218] du téléphone nous interrompit.
25 Elle se dégagea[219] de mon étreinte, alla vers l'appareil,[220] décrocha,[221] poussa un cri:

— Écoute...

Je mis le récepteur à l'oreille. Des barrissements sauvages se faisaient entendre.

30 — Ils nous font des farces[222] maintenant!

— Que peut-il bien se passer? s'effraya-t-elle.[223]

Nous fîmes marcher le poste de T.S.F.[224] pour connaître les nouvelles: ce furent des barrissements encore. Elle tremblait.

35 — Du calme, dis-je, du calme!

Épouvantée,[225] elle s'écria:

— Ils ont occupé les intallations de la Radio!

[213] les provisions   la nourriture

[214] un écriteau   *a sign*

[215] tout m'est égal   tout m'est indifférent

[216] serrer   presser

[217] une étreinte   une embrassade

[218] la sonnerie   *the ring*

[219] se dégager   se libérer

[220] l'appareil   le téléphone
[221] décrocher   ici, prendre

[222] faire des farces   *to play tricks*
[223] s'effraya-t-elle   *she exclaimed, frightened*
[224] le poste de T.S.F.   l'appareil de radio

[225] épouvanté   effrayé

— Du calme! Du calme! répétais-je, de plus en plus agité.

Le lendemain, dans la rue, cela courait en tous sens.[226] On pouvait regarder des heures: on ne
5   risquait pas d'y apercevoir un seul être humain. Notre maison tremblait sous les sabots des périsso-dactyles, nos voisins.

— Advienne que pourra,[227] dit Daisy. Que veux-tu qu'on y fasse?
10   — Ils sont tous devenus fous. Le monde est malade.

— Ce n'est pas nous qui le guérirons.

— On ne pourra plus s'entendre avec personne.[228] Tu les comprends, toi?
15   — Nous devrions essayer d'interpréter leur psychologie, d'apprendre leur langage.

— Ils n'ont pas de langage.

— Qu'est-ce que tu en sais?

— Écoute, Daisy, nous aurons des enfants,
20   nos enfants en auront d'autres, cela mettra du temps,[229] mais à nous deux, nous pourrons régénérer l'humanité. Avec un peu de courage...

— Je ne veux pas avoir d'enfants.

— Comment veux-tu sauver le monde, alors?
25   — Après tout, c'est peut-être nous qui avons besoin d'être sauvés. C'est nous peut-être les anormaux. En vois-tu d'autres de notre espèce?

— Daisy, je ne veux pas t'entendre dire cela!

Je la regardai désespérément.
30   — C'est nous qui avons raison, Daisy, je t'assure.

— Quelle prétention! Il n'y a pas de raison absolue. C'est le monde qui a raison, ce n'est pas toi ni moi.

— Si, Daisy, j'ai raison. La preuve c'est que tu
35   me comprends et que je t'aime autant qu'un homme puisse aimer une femme.

— J'en ai un peu honte de ce que tu appelles

[226] cela courait en tout sens *they were running in all directions*

[227] advienne que pourra! acceptons la situation!

[228] s'entendre avec quelqu'un   le comprendre, sympathiser avec lui

[229] mettre du temps prendre longtemps

l'amour, cette chose morbide... Cela ne peut se comparer avec l'énergie extraordinaire que dégagent[230] tous ces êtres qui nous entourent.

— De l'énergie? En voilà de l'énergie! fis-je,
5   à bout[231] d'argument, en lui donnant une gifle.[232]

Puis tandis qu'elle pleurait:

— Je n'abdiquerai pas, moi, je n'abdiquerai pas.

Elle se leva, en larmes, entoura mon cou de ses bras parfumés:

10   — Je résisterai, avec toi, jusqu'au bout.

Elle ne put tenir parole. Elle devint toute triste, dépérissait[233] à vue d'œil. Un matin, en me réveillant, je vis sa place vide dans le lit. Elle m'avait quitté sans me laisser un mot.

15   La situation devint pour moi littéralement intenable.[234] C'était ma faute si Daisy était partie. Qui sait ce qu'elle était devenue? Encore quelqu'un sur la conscience. Il n'y avait personne à pouvoir m'aider à la retrouver. J'imaginai le pire,
20   me sentis reponsable.

Et de partout leurs barrissements, leurs courses éperdues,[235] les nuages de poussière. J'avais beau m'enfermer chez moi, me mettre du coton dans les oreilles: je les voyais, la nuit, en rêve.

25   «Il n'y a pas d'autre solution que de les convaincre.» Mais de quoi? Les mutations étaient-elles réversibles? Et pour les convaincre il fallait leur parler. Pour qu'ils réapprennent ma langue (que je commençais d'ailleurs à oublier) il fallait
30   d'abord que j'apprisse la leur. Je ne distinguais pas un barrissement d'un autre, un rhinocéros d'un autre rhinocéros.

Un jour, en me regardant dans la glace, je me trouvai laid avec ma longue figure: il m'eût fallu
35   une corne, sinon deux, pour rehausser mes traits tombants.[236]

Et si, comme me l'avait dit Daisy, c'était eux

---

[230] **dégager** *to release*

[231] **à bout de** à la limite de
[232] **une gifle** *slap*

[233] **dépérir** *to waste away*

[234] **intenable** intolérable, insupportable

[235] **éperdu** *wild*

[236] **rehausser mes traits tombants** *to enhance my sagging face*

qui avaient raison? J'étais en retard, j'avais perdu pied,[237] c'était évident.

Je découvris que leurs barrissements avaient tout de même un certain charme, un peu âpre[238] certes. J'aurais dû m'en apercevoir quand il était temps. J'essayai de barrir:[239] que c'était faible, comme cela manquait de vigueur! Quand je faisais un effort plus grand, je ne parvenais qu'à hurler.[240] Les hurlements ne sont pas des barrissements.

Il est évident qu'il ne faut pas se mettre toujours à la remorque[241] des événements et qu'il est bien de conserver son originalité. Il faut aussi cependant faire la part des choses;[242] se différencier, oui, mais... rester parmi ses semblables. Je ne ressemblais plus à personne ni à rien, sauf à de vieilles photos démodées[243] qui n'avaient plus de rapport avec les vivants.

Tous les matins je regardais mes mains dans l'espoir que les paumes se seraient durcies pendant mon sommeil. La peau demeurait flasque.[244] Je contemplais mon corps trop blanc, mes jambes poilues:[245] ah, avoir une peau dure et cette magnifique couleur d'un vert sombre, une nudité décente, comme eux, sans poils!

J'avais une conscience de plus en plus mauvaise, malheureuse. Je me sentais un monstre. Hélas! jamais je ne deviendrai rhinocéros: je ne pouvais plus changer.

Je n'osai plus me regarder. J'avais honte. Et pourtant, je ne pouvais pas, non, je ne pouvais pas.

Lettres Nouvelles, septembre 1957.

[237] **perdre pied**   ne plus comprendre

[238] **âpre**   dur

[239] **barrir**   *to roar, to trumpet*

[240] **hurler**   *to howl*

[241] **se mettre à la remorque**   suivre aveuglément

[242] **faire la part des choses**   considérer les circonstances

[243] **démodé**   qui n'est plus à la mode

[244] **flasque**   *flabby*

[245] **poilu**   *hairy*

EXERCICES (1)

I. Exercices de vocabulaire

A. Complétez les phrases ci-dessous par les expressions idiomatiques suivantes.

> être dans le brouillard
> avoir affaire
> avoir un cœur d'or
> se remettre à
> faire écumer
> tenir parole
> se mettre à la page
> être de la partie
> parler de la pluie et du beau temps
> donner raison

1. Après plusieurs semaines de vacances, voici le moment de _____ travailler.
2. Il n'y a rien de plus ennuyeux que d'écouter les gens _____.
3. Vous pouvez adresser votre demande à cet homme, il vous aidera car il a la réputation d' _____.
4. Il s'était promis d'aller aux spectacles, de lire les journaux, bref de _____.
5. Prendre des résolutions, faire des promesses, c'est fort bien mais _____ serait mieux.
6. Il faut être désespéré pour _____ à cet homme, on dit qu'il est méchant et malhonnête.
7. _____, c'est ne pas voir clair dans une situation qui pose des problèmes.
8. Déçue et vexée de ne pas _____, elle est revenue tristement chez elle.
9. Si tu persistes à contredire cet homme, tu vas le mettre en colère, le pousser à bout, le _____.
10. Par contre, si vous pouvez lui _____, il vous en sera reconnaissant.

B. Écrivez le contraire des phrases suivantes en changeant les expressions en italique par un des verbes suivants (au présent de l'indicatif).

s'abriter de
s'énerver
se lamenter
s'énivrer
se quereller
se soucier de
conclure
contredire
durer
gâcher
plaindre
surgir

1. Il est évident que le narrateur *approuve* souvent son ami.
2. Le logicien *pose* le problème qui a amené la dispute.
3. Tout le monde *envie* la ménagère avec son chat écrasé.
4. Les deux amis *se mettent d'accord* sur la provenance du fauve.
5. Pendant la discussion au café, les deux amis *se calment.*
6. Les intentions les plus sincères du narrateur *sont éphémères.*
7. Si le narrateur *reste sobre,* comment passera-t-il ses dimanches?
8. La ménagère *se réjouit* après l'accident.
9. Après le passage du fauve, la ménagère *disparaît* avec son chat sanglant.
10. L'épicier au tempérament passionnel, *reste-t-il indifférent à* la logique?
11. Constamment, le narrateur *profite de* ses dimanches tranquilles.
12. Pendant la tempête, les gens dans la rue *s'exposent à* la pluie.

II. Exercice de grammaire
Demonstrative pronouns

EXAMPLES FROM THE TEXT

Celui de la semaine dernière avait deux cornes.
Celui-ci n'en a qu'une.
C'était un rhinocéros d'Asie.
Cela ne serait pas concluant.

RECALL

1. *The demonstrative pronouns agree in gender and number with the word to which they refer.*
2. *The –ci or –là is omitted when the pronoun is modified by a relative clause or a prepositional phrase:* celui qui..., celui de..., celle que..., ceux où..., *etc.*
3. Celui-ci, *etc., also means "the latter,"* celui-là, *etc., "the former."*
4. Ce, ceci *(this),* cela *(that) are used to refer to an idea, statement, or a situation. They never refer to persons. They are used as subjects of* être, *and also of* devoir *and* pouvoir.

Donnez le pronom démonstratif pour les phrases suivantes.

1. Le narrateur s'était fait une promesse, _____ de ne plus s'enivrer.
2. Écoutez _____: des rhinocéros se promènent dans la ville!
3. Tous les rhinocéros ne sont pas semblables, _____ d'Asie ont une corne, _____ d'Afrique en ont deux.
4. Parmi les pièces d'avant-garde, connaissez-vous _____ d'Ionesco?
5. _____ qui parle pour ne rien dire est le logicien.
6. Le narrateur est dans les brumes. Quelles brumes? _____ de l'alcool.
7. Le narrateur avait fêté un anniversaire, _____ d'un camarade.

8. Gâcher ses dimanches à cause de l'alcool, _____
ne devrait pas arriver.

9. Tous les chats étant mortels, _____ de la ménagère l'est aussi.

10. L'épicière et la ménagère se lamentaient;
_____ pleurait son chat.

11. Écouter des conférences, aller au théâtre,
_____ serait un beau programme.

12. _____ qui visitent les musées deviennent cul-
tivés.

III. Questions

Répondez aux questions suivantes par des phrases
complètes.

1. Où se trouvent les deux amis? Que font-ils?
2. Comment se présente le rhinocéros?
3. Quelles sont les réactions des passants?
4. Pourquoi les réactions du narrateur étaient-elles
   lentes?
5. Pourquoi le fauve ne peut-il pas venir du Jardin
   zoologique?
6. D'un cirque?
7. Quel est le climat de ce pays?
8. Quelles sont les trois suppositions absurdes du
   narrateur sur la provenance du rhinocéros?
9. Pourquoi tous les dimanches du narrateur sont-ils
   gâchés?
10. Quelles bonnes résolutions prend-il pour cultiver
    son esprit?
11. Quel drame cause la deuxième apparition du rhino-
    céros?
12. Pourquoi le narrateur et son ami se disputent-ils de
    nouveau?
13. Quelles sont les qualités de Jean comme ami? Son
    défaut?
14. Comment le logicien pose-t-il correctement le
    problème?
15. Quel est le vrai sujet de l'indignation des gens?

EXERCICES (2)

I. Exercices de vocabulaire

A. Complétez les phrases ci-dessous par les adjectifs suivants.

accablé	foulé
angoissé	rugueux
effrayé	susceptible
ému	usé

1. Lorsqu'on reste froid et indifférent devant un spectacle, c'est qu'on n'est pas _____.
2. Les doigts du chef de bureau semblaient aussi _____ que la peau du pachyderme.
3. Lorsqu'un danger vous fait très peur, vous êtes _____.
4. Il se sent _____ quand des dangers plus ou moins précis semblent le rendre malade.
5. Une personne est _____ lorsque la moindre offense la vexe et la fait souffrir.
6. Le chat de la ménagère avait été écrasé, _____ aux pieds d'un rhinocéros.
7. Lorsqu'un objet est détérioré parce qu'il est vieux et qu'il a servi pendant très longtemps, il est _____.
8. Le narrateur était _____ par les remords d'avoir encore trop bu et les regrets de s'être disputé avec son ami.

B. Choisissez les verbes qui expriment les définitions suivantes.

s'affoler	balbutier
se raccommoder	claquer
s'évanouir	épargner
s'indigner	incommoder
accabler	tempêter

150

1. Causer du malaise, une gêne ou une souffrance à quelqu'un:
2. Écraser quelqu'un par le travail, les injures, les reproches ou les malheurs:
3. Parler bruyamment et violemment pour montrer son mécontentement:
4. Traiter quelqu'un avec indulgence parce qu'on ne veut pas le faire souffrir:
5. Se mettre à nouveau en bons termes avec une personne avec laquelle on s'était fâché:
6. Ne plus pouvoir raisonner ou agir avec jugement:
7. Produire un bruit sec et sonore (lorsqu'on ferme quelque chose brusquement, par exemple):
8. Tomber en syncope sous le coup d'une grande émotion ou d'une grande douleur:
9. Parler d'une façon peu précise sous le coup d'une grande émotion (surprise, joie, peur):
10. Montrer sa colère ou son mépris devant quelque chose qu'on n'approuve pas:

II. Exercice de grammaire
Infinitive with preposition vs. subjunctive

EXAMPLES

Je bois une bouteille sans m'en apercevoir.
Je bois une bouteille sans qu'il s'en aperçoive.

Ce n'est pas une raison pour vous affoler.
Ce n'est pas une raison pour que vous vous affoliez.

Notice that when the subject of the subordinate clause is different from that of the main clause, the construction requires a clause with the verb in the subjunctive.

Traduisez les phrases suivantes.

1. It is stupid to quarrel over (for) such a thing.
2. It is stupid for us to quarrel over such a thing.

3. He is happy to be in love with Daisy.
4. He is happy that the narrator is in love with Daisy.
5. Mme Bœuf runs before making her entrance.
6. Daisy works until Mme Bœuf makes her entrance.
7. The narrator is pleased to write his name in the book.
8. Daisy is pleased that the narrator writes his name in the book.
9. M. Bœuf does not hope to return the next day.
10. Mme Bœuf does not hope for her husband to return the next day.
11. Botard will not believe in rhinoceroses without seeing them.
12. The others believe in rhinoceroses without Botard seeing them.

III. Questions

Répondez aux questions suivantes par des phrases complètes.

1. Comment le narrateur a-t-il passé son dimanche?
2. Décrivez les symptômes de son malaise le lundi matin.
3. Arrive-t-il en avance au bureau?
4. Qui est Dudard?
5. Quel est l'employé qui n'a pas vu le rhinocéros? Y croit-il?
6. Quelles sont les différentes occupations des gens du bureau?
7. Comment Mme Bœuf explique-t-elle l'absence de son mari?
8. Comment manifeste-t-elle son émotion?
9. Quelle est la cause de sa frayeur?
10. Où est maintenant le rhinocéros? Que fait-il?
11. Pourquoi le chef accuse-t-il la Direction générale?
12. Comment le chef propose-t-il de quitter le bureau?
13. Pourquoi la dactylo appelle-t-elle le chef «espèce de pachyderme»?
14. Quelle est la réaction de Mme Bœuf en reconnaissant son mari?

EXERCICES (3)

I. Exercices de vocabulaire

A. Complétez les phrases ci-dessous avec les noms suivants.

une bosse	le poignet
une échelle	la poussière
la loge	le rez-de-chaussée
un locataire	le teint
un immeuble	la sueur

1. Appelé auprès d'un malade, le médecin regarde _____ du visage et prends le pouls au _____.
2. Lorsqu'on entre dans un grand _____, il faut passer devant _____ de la concierge, située au _____.
3. Pour sauver _____ du cinquième étage, les pompiers dressent _____ contre le mur.
4. Les rhinocéros dévalaient les rues en déplaçant des nuages de _____.
5. Jean avait de la fièvre car il avait de _____ sur son front. Il disait s'être cogné car il avait _____ sur le nez.

B. Complétez les phrases ci-dessous avec les expressions suivantes.

tant pis	à vue d'œil	au fond
quatre à quatre	à bout de	aux torts de
tant bien que mal	à toute allure	en pente

1. Les rhinocéros fonçaient _____ sur la chaussée et les trottoirs.
2. Le narrateur a eu peur d'être piétiné et a descendu l'escalier _____.
3. Cette pauvre femme est restée seule au domicile conjugal et le divorce a été prononcé _____ son mari.

4. Ce travail lui a paru difficile, il l'a néanmoins fini
   _____.

5. Vous ne m'avez pas déconseillé, mais _____
   vous désapprouvez mes projets.

6. Personne ne désire vous accompagner? _____,
   vous irez seul!

7. L'architecte a réussi une maison originale sur ce
   terrain _____.

8. Oui, mais quand on y va à pied, on arrive _____
   souffle.

9. Les médicaments ont été efficaces, on a vu le
   malade guérir _____.

II. Traduction

En utilisant le vocabulaire ci-dessous, traduisez les
phrases suivantes.

importer	le rez-de-chaussée
l'échelle	la peine
le pompier	éviter
faire venir	nier
l'escalier	le pouls
réparer	mal à la gorge

1. We telephoned the firemen who arrived with their
   ladders, and they had us come down.
2. Botard could no longer deny the evidence.
3. He had to wait until they repaired the stairway.
4. Where they come from matters little. What counts is
   the existence of the rhinoceros.
5. Do you have a sore throat? Let me take your pulse.
6. This is perhaps more serious than I thought. Did
   you send for the doctor?
7. I had a lot of difficulty in avoiding the rhinoceros
   on the ground floor before I finally found myself in
   the street.

III. Questions

Répondez aux questions suivantes par des phrases complètes.

1. Sans escalier, comment les employés quittent-ils le bureau?
2. Comment Mme Bœuf retourne-t-elle au domicile conjugal?
3. Quelles rumeurs courent au bistrot pendant le déjeuner?
4. Qu'est-ce que Botard prétend expliquer plus tard?
5. Comment le narrateur s'excuse-t-il auprès de Jean?
6. Quels sont les symptômes de la maladie de Jean?
7. Quels sont les changements de son visage?
8. Comment deviennent ses veines et sa peau?
9. Quelles caractéristiques a sa voix?
10. Pourquoi les paroles de Jean montrent-elles qu'il va devenir rhinocéros aussi?
11. Pourquoi le narrateur part-il?
12. Quel autre danger rencontre-t-il avant de quitter l'immeuble?
13. Que fait-il une fois dans la rue?
14. Pourquoi le narrateur s'aplatit-il contre un mur?
15. Peut-il reprendre son souffle sur son banc?

EXERCICES (4)

I. Exercices de vocabulaire

A. Complétez les phrases ci-dessous par les noms suivantes.

un accroissement	un ménagement
un écriteau	des provisions
un enclos	la sonnerie
une farce	un tambour
une gifle	les traits

1. C'est _____ du téléphone qui a interrompu les étreintes de Daisy et du narrateur.
2. Quotidiennement, on annonçait _____ du nombre de rhinocéros.
3. Lorsque Daisy montre de l'admiration pour les fauves et du mépris pour l'amour humain, le narrateur lui donne _____.
4. Le projet de parquer les animaux dans de vastes _____ fut très vite abandonné.
5. Comme les humains, les rhinocéros s'organisent un régiment avec la musique des _____.
6. _____ explique que les magasins sont fermés «pour cause de transformation.»
7. Daisy avait beaucoup de mal à apporter _____ au narrateur car les épiceries étaient ravagées et fermées.
8. Pris de doute, le narrateur décide en se regardant dans une glace qu'il n'aime plus _____ de son visage.
9. Les deux interlocuteurs ont des remords d'avoir parlé sans _____ à ceux qui allaient devenir rhinocéros.
10. Ayant mis le récepteur du téléphone à son oreille, Daisy entend des cris d'animaux et pense que c'est _____.

B. Complétez les phrases ci-dessous par les expressions idiomatiques suivantes.

à bout de	à prix d'or
jusqu'au bout	se mettre à la remorque
s'entendre avec	mettre du temps
faire la part des choses	suivre son temps
perdre pied	tenir au courant

1. Les seuls statisticiens qui n'étaient pas encore devenus rhinocéros étaient payés _____.
2. A moins d'apprendre le langage des fauves, il devenait impossible de _____ eux.
3. Daisy informe le narrateur sur tout ce qui s'est passé au bureau, c'est-à-dire qu'elle veut le _____.
4. Le narrateur pense, qu'avec Daisy, il peut régénérer la race humaine, même si cela doit _____.
5. Daisy avait promis de lutter _____, mais elle ne tient pas parole et devient rhinocéros.
6. Le narrateur pense qu'il ne faut pas _____, c'est-à-dire suivre aveuglément les gens et les évènements.
7. Lorsque le narrateur essaie d'accepter la situation sans s'indigner, c'est qu'il veut _____.
8. Le narrateur donne une gifle à Daisy quand il est _____ raisons pour la convaincre de rester humaine.
9. Si quelqu'un adopte les idées et les modes de vie de son époque, c'est qu'il veut _____.
10. Le narrateur commence à _____ lorsqu'il ne sait plus s'il doit devenir rhinocéros ou rester un homme.

II. Traduction

En utilisant le vocabulaire ci-dessous, traduisez les phrases suivantes.

l'amitié	la leur	le chef de bureau
rendre	j'aurais dû	se reprocher
un parent	il fallait	avoir du mal à
avoir honte	avoir beau	tomber amoureux de

1. It was the office chief who first became a rhinoceros.
2. I reproach myself for my anger; I should have shown him more kindness.
3. He told me in vain that it is impossible to become a rhinoceros.
4. Everyone had a relative or friend among the rhinoceros, which, for reasons easy to understand, rendered the project impossible.
5. You know, I've had trouble finding something to eat because all the stores are closed.
6. After closing the window, he said: I thought that I could no longer fall in love with a woman.
7. I am a little ashamed of what you call love.
8. In order for them to learn my language, which I was beginning to forget, it was necessary for me first to learn theirs.

III. Questions

Répondez aux questions suivantes par des phrases complètes.

1. Pourquoi le narrateur reste-t-il chez lui?
2. Quelles nouvelles du bureau Daisy lui apporte-t-elle?
3. Pourquoi Daisy a-t-elle des remords?
4. Quels reproches se faits le narrateur?
5. Pourquoi ne pourrait-on pas parquer les rhinocéros dans de vastes enclos?
6. Comment les rhinocéros prennent-ils le pouvoir militaire?
7. Quel est le travail du ministère de la statistique?
8. Pourquoi devient-il difficile de se nourrir?
9. Quelles sont les deux façons de comprendre «fermé pour cause de transformation» sur les écriteaux?
10. Comment s'aperçoit-on que les rhinocéros dominent les communications?
11. A quoi voit-on que les rhinocéros deviennent plus nombreux?

12. Que faudrait-il faire pour s'entendre avec les rhino-
    céros?
13. Comment le narrateur propose-t-il de régénérer
    l'humanité?
14. Qu'est-ce que Daisy admire chez les rhinocéros?
15. Comment réagit le narrateur à cette remarque?
16. Comment était devenue Daisy avant son départ?
17. Le narrateur aime-t-il maintenant son visage?
18. Est-il content de sa voix? Qu'essaie-t-il?
19. Quels changements souhaite-t-il pour sa peau?
20. Tout en ayant honte de son physique, que décide-t-il
    de faire?

IV. Sujets de composition ou discussion

1. Étudiez le développement du caractère du narrateur
   dans les quatre parties de *Rhinocéros*.
2. Étudiez les caractères des différents personnages du
   récit et montrez comment chacun d'eux, sauf le
   narrateur, succombe à la rhinocérite.
3. Relevez les passages du récit où la rhinocérite peut
   être l'invasion du nazisme que l'auteur a vécue dans
   les années 30 en Roumanie et dans les années 40 en
   France.
4. «Les gens tout-à-coup se laissent envahir par une
   religion nouvelle, une doctrine, un fanatisme... On
   assiste alors à une véritable mutation mentale».[1]
5. «Ce sont toujours quelques consciences isolées qui ont
   représenté contre tout le monde la conscience universelle... Ces hommes ont trouvé en eux-mêmes le
   courage de continuer tout seuls. Ce sont des héros.»[1]
6. *Rhinocéros*, la nouvelle et la pièce, est un farce terrible
   et fantastique. «Bien qu'elle soit une farce, elle est
   surtout une tragédie».[1]

---

[1] *Notes & Contre-notes*, Ionesco (Gallimard, 1962).

BAUDELAIRE

Charles Baudelaire (1821–1867) est né à Paris où
il fait une partie de ses études. Il éprouve[1] déjà
un «sentiment de destinée éternellement solitaire.»
Il adore sa mère et déteste son beau-père[2] qui,
désapprouvant la vie de bohème du jeune homme,
l'envoie faire un voyage vers les Indes.[3] Le voilier[4]
s'arrête à l'île Maurice, puis à celle de la Réunion
où le poète, estimant qu'il a assez voyagé,
s'embarque sur un cargo qui revient en France.

    Il mène alors une vie de dandy en dépensant[5]
rapidement l'argent hérité de son père. Il a pour
amis les écrivains (Balzac, Gérard de Nerval,
Leconte de Lisle, Gautier, Sainte-Beuve) et les
peintres (Delacroix, puis plus tard Manet) de son
temps. Il écrit des articles de critique littéraire et
artistique; il est l'un des premiers à découvrir en
France le génie de Wagner. Très tôt, il
s'enthousiasme pour les œuvres d'Edgar Allan
Poe et en devient le traducteur fidèle et génial.

    Cependant c'est par son recueil de poèmes *Les
Fleurs du mal* (1857) que Baudelaire est justement
célèbre. Lui-même dit: «Dans ce livre atroce, j'ai
mis toute ma pensée, tout mon cœur, toute ma
religion (travestie), toute ma haine.» Il s'est proposé
«d'extraire la beauté du Mal» et l'auteur est aussitôt
condamné pour immoralité.

    C'est un poète de forme pure et classique, d'une
inspiration toute personnelle, aux images
originales, aux riches symboles, qui est
maintenant classé au premier rang des poètes
français.

    Il meurt jeune, usé par la vie, l'alcool et les
drogues.

(Turn to page 182 for a note on French versification.)

[1] éprouver *to feel*

[2] le beau-père *stepfather*

[3] les Indes *the Indies*
[4] le voilier *sailing ship*

[5] dépenser *to spend*

Recueillement[1]

Sois sage,[2] ô ma Douleur, et tiens-toi plus
                                        tranquille.[3]
Tu réclamais[4] le Soir; il descend; le voici:
Une atmosphère obscure enveloppe la ville,
5   Aux uns portant la paix, aux autres le souci.[5]

Pendant que des mortels la multitude vile,[6]
Sous le fouet[7] du Plaisir, ce bourreau[8] sans merci [9]
Va cueillir des remords dans la fête servile,[10]
Ma Douleur, donne-moi la main; viens par ici,

10 Loin d'eux. Vois se pencher[11] les défuntes[12] Années,
Sur les balcons du ciel, en robes surannées;[13]
Surgir[14] du fond des eaux le Regret souriant;

Le Soleil moribond s'endormir sous une arche,
Et, comme un long linceul[15] traînant à l'Orient,
15 Entends, ma chère, entends la douce Nuit qui
                                        marche?

le recueillement la contemplation, la méditation

[2] sage ici, calme, docile

[3] se tenir tranquille rester immobile, silencieux

[4] réclamer to clamor for

[5] le souci le tourment, l'anxiété

[6] des mortels .. vile la multitude vile (abject) des mortels

[7] le fouet whip

[8] un bourreau hangman

[9] sans merci sans pitié

[10] va cueillir... servile will reap remorse from their base pleasures

[11] se pencher s'incliner (to bend, to bow)

[12] défunt deceased

[13] suranné démodé (out-of-date)

[14] surgir apparaître brusquement

[15] un linceul shroud

EXPLICATION DE TEXTE

I. Forme

1. Ce poème, un sonnet, comprend combien de strophes?
2. Comment les rimes sont-elles disposées dans les quatrains (strophe de quatre vers)?
3. Comment les rimes sont-elles disposées dans les deux tercets (strophe de trois vers)?
4. Vérifiez les douze syllabes qui constituent un alexandrin.

II. Analyse

1. Lorsque le poète se recueille, avec qui parle-t-il?
2. Quel moment de la journée apporte l'apaisement?
3. Que recherche la multitude des mortels?
4. Quelles en seront les conséquences?
5. Quelle expression marque l'éloignement entre le poète et les autres hommes?
6. Le poète se tourne-t-il vers l'avenir ou vers le passé?
7. Quels sont alors ses sentiments?
8. Montrez comment le poète s'adresse à sa douleur comme à un enfant proche (tutoiement, exhortations à une meilleure conduite, distractions proposées).
9. Quelles métaphores le poète emploie-t-il pour le Soir? le Plaisir?
10. Comment les Années, le Regret, le Soleil, la Nuit, sont-ils personnifiés?
11. Quels mots du vocabulaire de la mort sont employés pour le passé et pour la fin de la journée?
12. Décrivez l'état d'âme habituel du poète.

L'Invitation au voyage

Mon enfant, ma sœur,
Songe à la douceur
D'aller là-bas vivre ensemble!
Aimer à loisir,[1]
5   Aimer et mourir
Au pays qui te ressemble!
Les soleils mouillés[2]
De ces ciels brouillés[3]
Pour mon esprit ont les charmes
10   Si mystérieux
De tes traîtres[4] yeux,
Brillant à travers leurs larmes.

Là, tout n'est qu'ordre et beauté,
Luxe, calme et volupté.

15   Des meubles luisants,[5]
Polis par les ans,
Décoreraient notre chambre;
Les plus rares fleurs
Mêlant leurs odeurs
20 Aux vagues senteurs[6] de l'ambre,
Les riches plafonds,[7]
Les miroirs profonds,
La splendeur orientale,
Tout y parlerait
25   A l'âme en secret
Sa douce langue natale.

Là, tout n'est qu'ordre et beauté,
Luxe, calme et volupté.

Vois sur ces canaux[8]
30 Dormir ces vaisseaux[9]

---

[1] à loisir   autant qu'on le désire

[2] mouillé   *wet*

[3] brouillé   nuageux (*murky*)

[4] traître   ici, dangereux

[5] luisant   brillant

[6] la senteur   l'odeur (*of amber*, parfum précieux)
[7] le plafond   *ceiling*

[8] le canal   *channel*

[9] un vaisseau   *ship, vessel*

Dont l'humeur[10] est vagabonde;
  C'est pour assouvir[11]
  Ton moindre désir
Qu'ils viennent du bout du monde.
5   Les soleils couchants
  Revêtent[12] les champs,
Les canaux, la ville entière,
  D'hyacinthe et d'or;
  Le monde s'endort
10 Dans une chaude lumière.

Là, tout n'est qu'ordre et beauté
Luxe, calme et volupté.

[10] **l'humeur**   la disposition
[11] **assouvir**   satisfaire

[12] **revêtir**   couvrir, parer
(*to adorn*)

EXPLICATION DE TEXTE

I. Forme

1. Combien de strophes a ce poème?
2. Quel est le nombre de syllabes dans les vers de chaque strophe?
3. Comment les rimes des vers sont-elles disposées?
4. Quel est le nombre de syllabes dans les vers du refrain?

II. Analyse

1. Comment le poète appelle-t-il la femme qu'il aime?
2. Que lui propose-t-il dans la première strophe?
3. Quelles expressions indiquent le climat de ce pays?
4. Quelle comparaison le poète fait-il entre le ciel et les yeux de la femme aimée?
5. Quels mode et temps de verbe le poète emploie-t-il dans la deuxième strophe?
6. Les meubles seraient-ils neufs ou anciens?
7. Quels seraient les parfums (si importants pour Baudelaire)?
8. Quels sont les éléments qui indiquent l'ordre?
9. Quels sont les éléments de beauté?
10. Où voyez-vous le luxe?
11. Qu'est-ce qui évoque la volupté?
12. Quel titre pourrait-on donner à la deuxième strophe?
13. Quel est maintenant le temps des verbes de la troisième strophe?
14. Quelles expressions indiquent le calme?
15. Quelles expressions parlent de luxe?
16. En quoi peut-on reconnaître la Hollande (où Baudelaire n'est jamais allé) dans ce pays rêvé?

La Vie antérieure

J'ai longtemps habité sous de vastes portiques[1]
Que les soleils marins teignaient[2] de mille feux,
Et que leurs grands piliers,[3] droits et majestueux,
Rendaient pareils, le soir, aux grottes basaltiques.[4]

5 Les houles,[5] en roulant les images des cieux,[6]
Mêlaient d'une façon solennelle et mystique
Les tout-puissants accords de leur riche musique
Aux couleurs du couchant reflété par mes yeux.

C'est là que j'ai vécu dans les voluptés calmes,
10 Au milieu de l'azur, des vagues, des splendeurs,
Et des esclaves nus, tout imprégnés d'odeurs,

Qui me rafraîchissaient[7] le front avec des palmes,
Et dont l'unique soin[8] était d'approfondir[9]
Le secret douloureux qui me faisait languir.

[1] un portique   galerie ouverte avec des colonnes (*portico*)
[2] teindre   *to tinge, to color*
[3] le pilier   la colonne
[4] grottes basaltiques   basaltic grottoes (basalt: a dark gray or black igneous rock)
[5] la houle   les grosses vagues de la mer (*swell*)
[6] les cieux   pluriel de «ciel»

[7] rafraîchir   *to cool*
[8] le soin   ici, occupation, travail
[9] approfondir   examiner, élucider

166

EXPLICATION DE TEXTE

I. Forme

1. Ce poème comprend combien de strophes et chaque strophe combien de vers?
2. Comment les rimes sont-elles disposées dans les deux quatrains?
3. Quelle est l'ordonnance des rimes dans les deux tercets?
4. Comment un poème de cette forme s'appelle-t-il?
5. Quel son se répète-t-il dans la deuxième strophe?

II. Analyse

1. Pourquoi les portiques ressemblaient-ils aux grottes basaltiques?
2. Où se trouvaient les portiques dont le poète se souvient?
3. Relevez les expressions qui indiquent le moment de la journée.
4. De quelles couleurs étaient la mer et ses vagues?
5. Dans un autre sonnet des *Fleurs du mal.* «Correspondances», Baudelaire a écrit ces vers:

   Comme de longs échos qui de loin se confondent
   Dans une ténébreuse et profonde unité
   Vaste comme la nuit et comme la clarté,
   Les parfums, les couleurs et les sons se répondent.

   Quelles sont les correspondances dans «La Vie antérieure?»
6. Relevez les expressions qui indiquent la beauté, la grandeur, la volupté et le luxe de ce paysage de rêve.
7. Quels sont pourtant les sentiments du poète?

FRANÇOISE MALLET-JORIS

Françoise Mallet-Joris (née en 1930) a passé son enfance dans son pays natal, la Belgique. Son père était avocat et professeur, sa mère écrivain et avocate. Elle commence à écrire très jeune; ses poèmes sont publiés en 1947, son premier roman *Le Rempart des béguines* en 1951. Le livre fait scandale et attire l'attention sur la jeune romancière de talent.

Elle vit en France à partir de 1947, partageant son temps entre sa vie familiale, avec mari et enfants, son occupation de lectrice pour différents éditeurs parisiens et sa carrière d'écrivain. Ses principaux romans sont *Les Mensonges*, *L'Empire céleste*, *Les Signes et les prodiges*, *La Maison de papier*, où sa vue de certaines destinées humaines est tragique et pessimiste. Elle essaie de se découvrir elle-même et raconte sa conversion au catholicisme dans la *Lettre à moi-même* (1963).

Le conte qui suit, extrait d'un livre de nouvelles, *Cordélia* (1954), a un ton plus léger et amusé que ses romans.

L'Air des clochettes[1]

Sans doute le printemps guettait-il Max[2] depuis
longtemps: le printemps aime assez, parfois, jouer
de ces tours[3] aux jeunes ambitieux. Toujours est-il
que[4] lorsque Max sortit de chez lui, vers trois
5 heures, avec l'intention bien arrêtée[5] de rencontrer
pour le thé Miss Arabella Graham, le printemps, qui
s'était tenu caché au coin de la rue, se précipita sur
lui si brusquement, avec un tel cortège de rayons
éblouissants,[6] d'odeurs enivrantes, que Max en
10 resta suffoqué.

Max était un garçon raisonnable, chacun se
plaisait à le reconnaître. En ce moment même, où
il sortait pour rencontrer une jeune fille qui, selon
toutes probabilités, allait devenir sa femme, il ne
15 songeait à rien que de prosaïque:[7] son costume
bleu n'avait-il pas l'air trop usé?[8] De quelle marque
était donc la voiture de Miss Arabella? Se marie-
raient-ils séparés de biens?[9] Aussi n'est-ce pas à
lui que nous devons attribuer la naissance de cette
20 pensée baroque:[10] «Si, en attendant l'heure, je
faisais un tour[11] au Jardin Botanique?», mais bien
plutôt à cet insidieux printemps. Fatale pensée: le
Jardin Botanique était le domaine même du printemps, et à peine Max y eut-il pénétré, que[12] par
25 l'effet d'une métamorphose magique, ses raison-
nables pensées disparurent, comme un envol[13] de
pesants[14] éléphants, et le laissèrent seul et sans
armes dans ce domaine enchanté.

Les arroseurs[15] automatiques tournaient sur les
30 pelouses,[16] dispensant libéralement leur grinçante[17]
fraîcheur. De petits enfants blonds se heurtaient,[18]
trébuchaient, se relevaient, avec des cris aigus et
brefs comme en ont les oiseaux. Assis sur un fauteuil vert boiteux,[19] au milieu des mères et des
35 gouvernantes, ce jeune homme vêtu avec soin, au

[1] L'Air des clochettes the "Bell Song" (from the opera Lakmé by Léo Delibes)

[2] le printemps guettait-il Max spring had been lying in wait for Max
[3] jouer des tours to play tricks
[4] toujours est-il que the fact is that
[5] arrêté ferme, décidé

[6] un tel cortège... enivrantes such a stream of dazzling rays, of intoxicating odors

[7] il ne songeait à rien que de prosaïque he was thinking of nothing but commonplace things
[8] usé vieux, fatigué
[9] séparés de biens with each one keeping his or her own property
[10] baroque bizarre
[11] faire un tour se promener

[12] à peine... que scarcely . . . when

[13] comme un envol like a rush
[14] pesant lourd (heavy)

[15] un arroseur sprinkler

[16] une pelouse lawn
[17] grinçant creaking
[18] se heurter, trébucher to bump each other, to totter

[19] boiteux rickety

visage un peu solennel, aux mouvements guindés,[20] pouvait paraître ridicule. Mais il n'y songeait pas. A vingt-cinq ans, Max Péralbe, bientôt fiancé de la riche Miss Arabella Graham, bientôt avocat au
5   barreau de B..., découvrait son premier printemps.

— Sept francs, monsieur, s'il vous plaît, murmurait la chaisière.[21]

— Ce n'est pas cher, madame.

— Ah! monsieur! A qui le dites-vous![22] Et je dois
10   vivre de cela, moi, une veuve[23] de guerre.

Elle s'éloigna dignement: «Comme j'aime les veuves de guerre, au Jardin Botanique, par beau temps!» songeait Max avec un enthousiasme absurde. Ce fut à ce moment précis qu'il aperçut, à dix
15   mètres de lui, une jupe[24] grise. C'était une jupe très simple, d'étoffe, autant qu'il en pût juger, tout à fait commune, une jupe bordée de broderie candide,[25] de petits arceaux[26] blancs imitant ceux qui couraient le long des pelouses, bref, une jupe comme il
20   avait dû en voir des milliers[27] dans sa vie. Et pourtant, cette jupe, et la taille[28] flexible de sa propriétaire, lui apparurent, en cet après-midi de mai, comme une révélation. Jamais Max ne s'était senti aussi exalté, aussi jeune, aussi déraisonnable. La
25   faute en était à ce jardin, à ces pelouses luisant[29] doucement, vertes et humides dans l'ombre[30] fraîche, mais surtout, surtout à cette jupe grise, à ce chemisier[31] blanc, se penchant[32] avec grâce sur ce qui devait être un roman à quatre sous,[33] dans
30   l'ombre du majestueux sycomore (variété d'érable, dit aussi faux platane).[34] Max se souvenait encore d'avoir été un bon élève de botanique — en quoi n'avait-il pas été un bon élève, poussé par l'impitoyable discipline à laquelle l'avait soumis sa mère? —
35   Aujourd'hui, pour la première fois, tous ces efforts lui paraissaient un peu stériles. Ne venait-il pas de découvrir ce que sa mère ne lui avait jamais appris: le plaisir de rêver au soleil, dans un jardin, non loin

[20] guindé   *stiff*

[21] la chaisière   *woman who rents out chairs*

[22] à qui le dites-vous!   *I'll say!*
[23] une veuve   *widow*

[24] une jupe   *skirt*

[25] candide   *simple*

[26] un arceau   *hoop*

[27] comme il avait dû en voir des milliers   *like thousands of others he must have seen*
[28] la taille   *waist*

[29] luire   *briller (to shine)*
[30] l'ombre   *shade*

[31] un chemisier   *une blouse*
[32] se pencher   *s'incliner*
[33] à quatre sous   *cheap*

[34] un érable... un faux platane   *maple tree . . . sycamore*

d'une attrayante jupe grise? Il eut un petit choc. Un enfant venait de s'approcher de la jupe grise, une petite main très noire la tirait violemment.

— Quoi c'est,[35] les choses qui tournent et qui
5 tombent, m'zelle?

C'était un gentil petit garçon, un peu pâle, assez pauvrement vêtu. Mais Max ne fit pas attention à lui, tout à son soulagement.[36] Mademoiselle! Elle n'était donc pas mariée! Et pour compléter l'en-
10 chantement, sa voix retentit,[37] une voix inoubliable, chaude, mélodieuse, troublante, qui répondait:

— C'est un fruit, Émile, le fruit du platane.

Déjà Max se soulevait sur son banc, déjà un sourire timide, et pourtant séduisant s'ébauchait[38]
15 sur ses lèvres. Il allait s'approcher d'elle, rectifier cette affirmation erronée. «Il ne s'agit pas du platane, mademoiselle, mais du faux platane, autrement dit sycomore.» Elle s'étonnerait, bien sûr, de lui voir tant de connaissances; là-dessus, ils enta-
20 meraient[39] une passionnante conversation sur la botanique, elle, levant vers lui ses beaux yeux (de quelle couleur? Il n'avait pu encore le distinguer), et tout à coup, lui prenant la main, il lui dirait... lui dirait... Deux fois déjà, ces yeux s'étaient levés sur
25 Max, avec un certain étonnement: deux fois, Max s'était levé et rassis. Levé, parce que le printemps le poussait aux épaules, ce malicieux, mais bienveillant[40] printemps, rassis parce qu'une pensée fatale, presque aussi puissante que l'odeur des
30 arbres et des fleurs, lui avait, à chaque fois, coupé les jambes:[41] Miss Arabella Graham, dans le salon de Mrs. Page, l'attendait pour chanter.

De l'avis de Mme Péralbe mère, Miss Arabella Graham était la fiancée, l'épouse, et par-dessus tout,
35 la bru,[42] la plus souhaitable que l'on pût trouver. Max avait été de cet avis: son opinion différait rarement de celle de Mme Péralbe mère. Miss Arabella

[35] quoi c'est   *the child's incorrect French for «qu'est-ce que c'est...»*

[36] tout à son soulagement   *feeling completely relieved*

[37] retentir   *to sound*

[38] s'ébaucher   *to appear faintly*

[39] entamer   commencer

[40] bienveillant   bon

[41] couper les jambes   *to buckle one's knees*

[42] la bru   la belle-fille (*daughter-in-law*)

saurait épauler[43] le jeune avocat, lui procurer, en même temps que la fortune, une position mondaine[44] intéressante, faire de lui un homme à la mode. Max se voyait déjà trônant[45] dans une voiture,
5 recevant ses futurs clients dans un somptueux cabinet,[46] et salué partout d'un murmure flatteur: «C'est le célèbre M^e[47] Péralbe.»

Ou du moins, c'était ce qu'il voyait en général, lorsqu'il évoquait ses projets d'avenir. Mais par un
10 sortilège[48] incompréhensible, ces images qu'il appelait à la rescousse[49] pour lutter contre le printemps n'arrivaient pas à se former dans sa tête. Ce qu'il revoyait, par contre, avec la plus grande facilité, c'était la haute stature de Miss Arabella qui le domi-
15 nait d'une bonne demi-tête, son teint de cuirassier[50] (ce que Mme Péralbe appelait: son air de bonne santé) et la terrible voix de soprano qui sortait, menue, aiguë, maniérée,[51] de ce corps si robustement charpenté,[52] cette voix que Miss Arabella
20 s'entêtait[53] à faire entendre, à la moindre opportunité, dans *l'Air des clochettes,* de *Lakmé.* Pour la première fois, il songeait à cette voix, non plus avec sa coutumière[54] résignation, comme au revers de la médaille,[55] mais avec une sorte de révolte. «Je
25 déteste *l'Air des clochettes*!» Il se levait et se rasseyait pour la troisième fois quand l'inconnue quitta sa chaise, tenant par la main le petit garçon, marchant avec une grâce ailée, s'éloigna. Un ange gardien particulier à Max (un ange gardien qui
30 devait porter un faux-col,[56] des lunettes et une chaîne de montre en or — ou alors n'avait-il pas les traits de l'impérieuse Mme Péralbe, sa légère moustache, son nez bourbonien?)[57] lui souffla[58] à l'oreille: «Ne la suis pas! c'est une simple gouvernante, qui
35 sait, peut-être même une dactylo,[59] une ouvrière… Pas du tout le genre de femme qui devrait intéresser le célèbre Me Péralbe.»

Mais, ivre de printemps, Me Péralbe répondait:

[43] **épauler**   aider, soutenir

[44] **mondain**   *social*

[45] **trôner**   occuper la place d'honneur

[46] **un cabinet**   un bureau d'avocat
[47] **M^e**   Maître, *title given to lawyers*

[48] **un sortilège**   un charme magique
[49] **appeler à la rescousse**   *to call upon for help*

[50] **son teint de cuirassier**   *her rough (cavalryman's) complexion*

[51] **menue, aiguë, maniérée**   *small, shrill, affected*
[52] **charpenté**   bâti
[53] **s'entêter**   s'obstiner *(to persist)*

[54] **coutumier**   habituel

[55] **le revers de la médaille**   *the other (blank, worthless) side of the coin*

[56] **un faux-col**   *detachable shirt collar*

[57] **un nez bourbonien**   *prominent nose (like that of the Bourbon kings)*
[58] **souffler**   murmurer
[59] **une dactylo**   *typist*

«Elle a vraiment vingt ans, elle, alors que Miss Arabella a vingt ans depuis sept années. Elle a des yeux violets, de la couleur la plus rare. Les yeux de Miss Arabella ont-ils une couleur? Je ne l'ai jamais
5 remarqué. Miss Arabella, quand elle marche, a l'air de suivre un défilé[60] militaire. Mais, et je ne le savais pas, il y a des femmes qui volent!» Et il suivait la jupe grise, bordée d'arceaux ingénus.[61]

La jupe grise s'arrêta devant un petit manège de
10 chevaux de bois.[62] L'enfant s'élança.[63] A dix mètres, Max regardait avec attendrissement.[64] Comme elle était jolie, assise sur le petit banc rustique! Ils étaient fiancés depuis la veille.[65] Oublieux du code civil,[66] Max apprenait aux Yeux Violets le nom des
15 fleurs et des arbres. Ils se disputaient[67] gentiment, en faisant des projets d'avenir. Oh! des projets d'avenir qui ne ressemblaient en rien à ceux qu'il avait faits (il y avait si longtemps, un siècle peut-être?) au sujet de Miss Arabella. Des projets exaltants de
20 vertu et de courage; des projets de vie laborieuse, de lente et méritoire réussite. N'avait-il pas, la veille, déclaré à sa mère qui critiquait son mariage avec cette jeune ouvrière: «L'amour vaut mieux que tous les trésors du monde!»
25 Déjà ils étaient mariés, une cérémonie modeste et poétique, dans une petite église de banlieue,[68] couverte de lierre,[69] et c'était sa femme, rougissante, qui s'appuyait[70] sur son bras, avec sa jupe grise, ses yeux violets, et cette voix de contralto qui ne chan-
30 tait pas, qui ne chanterait jamais *l'Air des clochettes...* C'était leur appartement, modeste mais confortable, les rideaux tirés, la lampe allumée, la jeune ménagère impeccable qui déposait sur la nappe[71] éblouissante de blancheur une soupière[72]
35 fumante, douce récompense après une journée de labeur. Et en ce bel après-midi de juin, c'était leur fils déjà qui chevauchait[73] les chevaux de bois, qui enfilait des bagues[74] avec dextérité, et auquel tout à

[60] un défilé   un cortège (*parade*)

[61] ingénu   candide, simple

[62] un manège de chevaux de bois   *a merry-go-round*
[63] s'élancer   *to spring*
[64] avec attendrissement *with feeling; moved*
[65] la veille   le jour précédent (*Here Max fantasizes a life with the young woman.*)
[66] le code civil   la loi (*Max's profession.*)
[67] se disputer   se quereller

[68] la banlieue   *suburb*

[69] le lierre   *ivy*

[70] s'appuyer   *to lean, to support oneself*

[71] la nappe   *tablecloth*
[72] une soupière   *soup tureen*
[73] chevaucher   *to ride*
[74] enfiler des bagues *to catch the rings (on the merry-go-round)*

l'heure son père ferait faire ses devoirs,[75] sous le regard attendri des Yeux Violets.

Comme en rêve, le temps passait. Comme en rêve, il se souvint d'Arabella qui attendait chez
5   Mrs. Page, et allait attendre encore des heures qu'il arrivât, pour se mettre à vocaliser. Non, il ne lui en laisserait pas le temps. Il lui dirait: «Arabella, cherchez un autre homme, et vivez pour l'amour.» Mais elle, désespérée, se suiciderait avec un tact extrême,
10   le lendemain, leur léguant[76] toute sa fortune. Ils étaient riches en pénétrant dans le petit guignol[77] qui sentait le champignon moisi.[78] Leur fils battait joyeusement des mains. Le rideau de velours[79] souleva des nuages de poussière; un énorme croco-
15   dile tentait sournoisement[80] d'avaler l'innocent guignol.[81] Max regardait fixement, sur la scène,[82] son premier client, un assassin qu'il défendait avec un tel brio[83] que, le soir de sa plaidoirie,[84] il n'y avait plus qu'un seul avocat dans Paris: lui. D'un geste
20   las, il repoussait la meute[85] des journalistes, avant de regagner leur appartement du Bois.[86] La voiture les attendait (dernier modèle américain), pour les conduire à quelque première,[87] lui et sa femme. Ils disaient adieu à leurs enfants (deux ou trois mainte-
25   nant, habillés de ravissants pyjamas, et s'ébattant[88] dans une spacieuse nursery) et enfin ils arrivaient à l'Opéra. Les gardes républicains,[89] sabre au clair,[90] les saluaient. Tout le monde les reconnaissait: ils formaient le plus beau couple de Paris. Et dans la
30   salle un murmure immense s'élevait: «C'est Me Péralbe et sa femme! C'est lui qui a plaidé l'affaire X, hérité d'une immense fortune: une Anglaise, qui l'aimait... Et elle, comme elle est belle!»

Et on applaudissait. Pourquoi? Sans doute la
35   représentation était-elle terminée. Max suivit le flot[91] des spectateurs vaguement étonné de ne plus voir à sa femme les épaules décolletées,[92] d'entendre le petit Émile répéter d'une voix aiguë:

[75] auquel... ses devoirs *and who would soon be made by his father to do his homework*

[76] léguer donner, laisser
[77] le petit guignol *puppet theater*
[78] qui sentait le champignon moisi *which smelled of mildewed mushrooms*
[79] le velours *velvet*
[80] sournoisement hypocritement (*slyly, sneakily*)
[81] l'innocent guignol *the main character, Punch*
[82] la scène *stage*
[83] le brio l'éloquence
[84] une plaidoirie *pleading (lawyer's speech)*
[85] il repoussait la meute *he pushed off the mob*
[86] le Bois le Bois de Boulogne (*fashionable section of Paris*)
[87] une première *first night (theater)*
[88] s'ébattre *to frolic*
[89] les gardes républicains la police militaire de Paris
[90] sabre au clair *with swords drawn*

[91] le flot les ondes (*flood, mob*)
[92] les épaules décolletées *bare shoulders*

— C'était pas un vrai crocodile, m'zelle?

Elle traversait maintenant le jardin, sortait par
la grande porte, s'enfonçait[93] dans une rue étroite
et sombre. Encore plongé dans son rêve, Max les
5 suivait. Elle ne se retournait pas, mais le petit
Émile, se doutant[94] peut-être que cet inconnu, pendant une heure, avait été son père, s'étonnait
naïvement de le voir suivre à dix mètres. Les rues
défilaient,[95] de plus en plus étroites, de plus en plus
10 fermées au pouvoir magique du printemps. Mais
Max n'y prenait pas garde.[96] Ils rentraient chez eux,
dans leur appartement. Dans un instant... Brutalement arraché à[97] son rêve, il s'arrêta en même temps
qu'elle, la regarda pénétrer dans un immeuble[98] en
15 briques rouges, et resta dehors, hébété,[99] indécis.
Leur appartement? Cette hideuse maison de
briques rouges, cette cour où le soleil ne pénétrait
jamais, ces humbles rues, comme usées par un trop
long usage, ces boutiques sombres, ces enfants
20 hurlants?[100] Comme éveillé tout à coup d'un conte
des Mille et une Nuits,[101] il regardait autour de lui.
Hélas! Ce qu'il voyait là, dépouillé[102] des prestiges
du printemps, c'était un spectacle assez semblable
à celui qu'il voyait tous les jours, dans cet apparte-
25 ment dont sa mère disait: «Il faut en sortir à tout
prix!» En sortir... Il essaya de rappeler à lui sa
griserie,[103] le souvenir des deux yeux violets évoca-
teurs de paisible félicité. Le printemps en lui luttait
encore. Il évoqua la voix mélodieuse, ses rêves d'une
30 vie obscure et laborieuse. Ses propres forces lui
suffiraient, voyons,[104] à conquérir la gloire. Mais une
présence sombre, à ses côtés, et la voix insinuante
de son dangereux ange gardien chuchotait:[105] «Vivre
des années dans une maison comme celle-là? Alors
35 qu'il te suffit d'un geste pour te trouver en haut des
échelons,[106] au lieu de les gravir[107] un à un, et si
péniblement! Des années de labeur obscur, de
soucis[108] d'argent, de querelles de ménage parce

[93] s'enfoncer   pénétrer

[94] se douter   to surmise,
to suspect

[95] défiler   to pass by

[96] prendre garde   faire
attention

[97] arraché à   sorti
brusquement de (torn
out of)
[98] un immeuble   maison à
plusieurs étages
[99] hébété   stupide
(stupefied)

[100] hurlant   screaming

[101] contes des Mille et une
Nuits   Arabian Nights
[102] dépouillé   stripped

[103] la griserie   l'ivresse
l'exaltation

[104] voyons   surely

[105] chuchoter   murmurer

[106] en haut des échelons
at the top of the social
ladder
[107] gravir   monter (les
échelons)
[108] un souci   worry

qu'on n'arrive pas à joindre les deux bouts?[109] Des
années à se demander, comme aujourd'hui, si ton
costume[110] bleu n'est pas trop visiblement usé... Et
ta femme qui vieillit, le client qui ne vient pas, le
5   courage qui s'use[111] lui aussi, et qu'on ne rachète
pas...»

Le printemps luttait encore, bien affaibli pourtant, dans ces rues où il n'avait aucun de ses alliés,
les arbres et le soleil. Mais dans un dernier effort
10   sa voix arrivait encore aux oreilles de Max, et murmurait avec le long soupir du vent: «Allons, Max, un
peu de courage! Regarde mieux autour de toi!
Souviens-toi de la paisible lumière violette de ses
yeux. Il y a plus de vérité sur ces petits balcons en
15   ciment, dans ces petits appartements mesquins,[112]
que dans la plus belle maison de la terre que l'on n'a
pas gagnée soi-même...»

Max ne l'entendait plus: il était trop occupé à se
plaindre lui-même. Victime des Yeux Violets, il ter-
20   minait sa vie dans l'affreux[113] immeuble de briques
rouges, aigri, raté,[114] avec un regret poignant de
cette vie brillante que son génie lui aurait infaillible-
ment procurée, s'il n'avait fait la folie, un jour de
printemps... Machinalement, il regarda sa montre.
25   Cinq heures. Peut-être attendait-elle encore, elle,
celle qui devait lui éviter[115] cette affreuse destinée.
Il l'imagina piétinant[116] d'impatience (et il ne se disait
plus que ces pieds avaient un charme tout militaire).
Il imagina sa mère, très digne, avec cet air de du-
30   chesse en visite qui impressionnait tant les Améri-
caines, mais souffrant atrocement, froissant un
pli[117] de la vieille robe de satin noir, souffrant mille
morts à l'idée de voir s'effondrer[118] tout l'échafaudage[119] de petites ruses, de mensonges innocents,
35   d'héroïques vantardises,[120] qu'elle avait si labo-
rieusement construit autour de l'héritière.

— Ta pauvre mère! murmurait l'ange gardien,
hypocrite. Ta pauvre veuve de mère, qui s'est donné

[109] joindre les deux bouts
to make ends meet

[110] un costume   un
complet (*suit*)

[111] s'user   *to wear (away),
to break down*

[112] mesquin   médiocre
(*poor, shabby*)

[113] affreux   horrible
[114] aigri, raté   *bitter, a
failure*

[115] lui éviter   *to save him
from*
[116] piétiner   *to stamp*

[117] froisser un pli   *to
rumple a fold*
[118] s'effondrer   *to collapse*
[119] un échafaudage
scaffolding, structure
[120] une vantardise   *boasting*

tant de mal pour t'élever! Qui aurait tant de peine si ce mariage ne se faisait pas. Qui a tellement envie de rouler en voiture américaine! Et la piété filiale, qu'est-ce que tu en fais? Un moment encore, appuyé
5   contre la devanture[121] de la boulangerie, Max hésita. Un moment encore il vit passer devant ses yeux la jupe grise, les yeux violets, la démarche ailée...[122] Puis ils sombrèrent,[123] tout à coup, et Max, avec la sensation d'avoir subitement recouvré la raison, se
10   jeta dans un taxi.

«Mais qu'est-ce qui m'est donc arrivé?» se demandait-il tout en priant nerveusement le chauffeur de se hâter. Et il se disait aussi: «Je l'ai échappé belle!»[124]

15   Dix minutes plus tard, une jupe grise franchissait le seuil[125] d'un vilain immeuble en briques rouges. Des yeux violets jetaient sur la rue déserte un regard curieux, et peut-être déçu.[126] Une grosse voiture américaine stationnait non loin de là. La
20   jupe grise y monta.

— A la maison, Albert, dit-elle d'une voix douce. Albert se mit en devoir d'obéir,[127] le visage renfrogné[128] sous sa casquette galonnée.[129] Il n'aimait pas ces quartiers vulgaires. Deux heures qu'il atten-
25   dait là, et pas un café convenable à proximité! Quelle idée avait mademoiselle de venir voir cette amie malade? D'abord, on n'a pas d'amis dans des quartiers pareils,[130] ça ne se fait pas. Mademoiselle ne savait pas vivre. Sa façon de s'habiller! On aurait dit
30   une dactylo, malgré tout l'argent qu'elle avait. Ah! si lui, Albert, avait tout cet argent... Tout en conduisant, il se mit à rêver. Mademoiselle, au fond de la voiture, rêvait aussi. Il était sympathique, ce jeune homme qui l'avait suivie... Ah! si seulement il
35   l'avait abordée...[131] Elle soupira[132] bien cinq minutes, avant de l'oublier.

Cependant, chez Mrs. Page, une dame disait:

[121] la devanture   *(shop) window*

[122] la démarche ailée   *the light (winged) step*
[123] sombrer   périr *(to disappear)*

[124] l'échapper belle   *to have a narrow escape*

[125] franchir le seuil   *to cross the threshold*

[126] déçu   désappointé

[127] se mit en devoir d'obéir   *got ready to obey*
[128] le visage renfrogné   *scowling*
[129] casquette galonnée   braided cap

[130] des quartiers pareils   *such sections of town*

[131] aborder   approcher
[132] soupirer   *to sigh*

— J'ai rencontré votre fils, madame Péralbe, au Jardin Botanique. N'est-ce pas charmant, pour un jeune homme aussi sérieux? Aller rêver au soleil...

Et Miss Arabella Graham, s'approchant d'une imposante dame en satin noir, lui murmura, un sourire crispé[133] sur les lèvres:

— Madame, votre fils, il est un cochon! Il suivait une demoiselle dans la rue! Je l'ai vu. Je ne veux plus jamais revoir ce personnage! J'ai ma dignité, moi, madame!

Et sans écouter les protestations de la douairière,[134] s'approchant du piano de son grand pas décidé, aux applaudissements de tous, elle entonna[135] *l'Air des clochettes.*

[133] crispé   nerveux

[134] la douairière   *dowager*
[135] entonner   commencer à chanter («L'Air des clochettes» *is an aria for a coloratura soprano!*)

EXERCICES

I. Exercices de vocabulaire

A. Choisissez sur chaque ligne les deux mots qui sont antonymes.

EXEMPLE: insidieux *indécis* aigri *décidé*

1. gravir	soupirer	descendre	trôner
2. retentir	entamer	finir	froisser
3. la devanture	le lendemain	le mensonge	la veille
4. éblouissant	vulgaire	généreux	mesquin
5. maniéré	hébété	simple	affreux
6. ravissant	pesant	léger	grinçant
7. aimable	mondain	troublant	renfrogné
8. déçu	usé	aigu	neuf
9. quitter	affaiblir	aborder	sombrer
10. s'entêter	céder	s'élancer	épauler

B. Trouvez dans la liste suivante le mot qui correspond aux définitions ci-dessous. Il y a deux mots en trop.

retenir	l'échapper belle	aigri
la banlieue	le soulagement	un souci
une pelouse	un immeuble	la taille
regagner	le teint	la scène

1. un terrain couvert d'herbe bien entretenue
2. le territoire habité autour d'une grande ville
3. revenir ou retourner à un endroit
4. éviter un danger ou un accident
5. la diminution d'une souffrance physique ou morale
6. la couleur particulière d'un visage
7. une grande maison avec plusieurs appartements
8. la partie du théâtre où jouent les acteurs
9. qui a eu des déceptions et est devenu irritable
10. une préoccupation qui inquiète et trouble quelqu'un

II. Compréhension du texte

Choisissez la réponse convenable dans chacun de ces groupes.

1. Le jeune homme était allé au Jardin Botanique
   a. comme il y allait très fréquemment.
   b. pour rencontrer sa fiancée.
   c. guidé par le printemps qui était dans l'air.
   d. en courant à un rendez-vous secret.

2. En se souvenant de ses études,
   a. Max reconnaît que c'est seulement en botanique qu'il a été bon élève.
   b. il fait tout un cours de botanique à la jeune fille.
   c. Max admet que sa mère lui a tout fait apprendre et comprendre.
   d. il s'aperçoit qu'un plaisir nouveau s'impose à lui.

3. Les ambitions de Max
   a. lui avaient déjà donné un somptueux cabinet et une position mondaine.
   b. s'accordaient bien avec celles de sa mère.
   c. sont assez puissantes pour dominer les sensations de printemps.
   d. étaient toujours très différentes de celles de sa mère.

4. En suivant la jeune fille,
   a. Max s'en va vers les quartiers pauvres.
   b. il remarque que les rues pauvres ont cependant du soleil et des arbres.
   c. il voit que ces immeubles pauvres ne ressemblent pas au quartier où il habite.
   d. le jeune homme n'est remarqué ni des Yeux Violets ni du garçonnet.

5. La mère de Max
   a. vit richement ainsi qu'une duchesse.
   b. désire que son fils soit heureux comme il l'entend.
   c. a l'ambition de rouler en voiture américaine.
   d. ne s'était jamais occupée des études de son fils.

6. Le chauffeur Albert
   a. attendait Mademoiselle à son domicile.
   b. a fort apprécié le temps libre que Mademoiselle lui avait laissé.
   c. approuve la simplicité des vêtements de Mademoiselle.
   d. critique en lui-même la façon de s'habiller de Mademoiselle et son choix d'amis.

III. Questions

Répondez aux questions suivantes par des phrases complètes.

1. Où allait le jeune homme au début de ce conte?
2. A quoi songeait-il?
3. Relevez les mots et expressions qui montrent l'attrait du printemps.
4. Comment Max sait-il que la jeune fille n'est pas mariée?
5. Faites la description de la jeune fille (ses vêtements, sa façon de marcher, ses yeux, sa voix).
6. Faites la description de Miss Arabella (sa stature, sa façon de marcher, son teint, ses yeux, sa voix, sa spécialité musicale).
7. Si Max se mariait avec les Yeux Violets, que devrait faire Miss Arabella?
8. Décrivez le rêve de gloire de Max devenu Maître Pérable.
9. Où Max est-il allé en sortant du Jardin Botanique?
10. Qui conseille à Max d'abandonner son rêve d'amour?
11. Pourquoi Albert a-t-il la mine renfrognée?
12. Pourquoi la jeune fille était-elle dans ces quartiers pauvres?
13. La jeune fille désire-t-elle que Max lui parle?
14. Max a-t-il besoin d'expliquer son retard? Pourquoi?
15. Que décide Miss Arabella?
16. Quelle est l'ironie de ce conte?
17. Quelle en est la morale?

A Note on French Versification

The following observations, while representing only a small part of a complex subject, will provide you with an understanding of basic French rhythmic and rhyme patterns.

1. A line of poetry in French (*un vers*) is measured by syllables, not by feet as in English:

1   2   3   4   5   6
O bruit doux de la pluie   (hexasyllabic)

In counting syllables, bear in mind that (a) the final *e* of a word elides with a following vowel, and (b) the so-called "mute" *e* (*e muet*) counts as a syllable when it occurs at the end of a word if the following word begins with a consonant or aspirate *h*, or between consonants within a word:

1   2   3   4   5   6
Quelle⌢est cette langueur
1   2   3   4   5   6   7   8
La cloche dans le ciel qu'on voit   (octosyllabic)
1   2 3   4
Doucement tinte   (tetrasyllabic)

Note in the last line above that a mute *e* at the end of a line does not count as a syllable. Another example:

1   2 3   4 5 6   7   8 9 10
Sous le pont Mirabeau coule la Seine   (decasyllabic)

Although semivowels, such as *i* or *y* before another vowel, and before combinations like *-eu* and *-on*, do not usually form separate syllables, there are exceptions:

1   2 3 4   5   6   7 8   9   10 11   12
L'inflexion des voix chères qui se sont tues
1 2 3   4   5
D'hyacinthe et d'or
1   2   3 4 5
Si mystérieux/De tes traîtres yeux

In lines of less than ten syllables, there is no fixed pause or division (cesura) within the line, but the twelve-syllable line, called the *alexandrin* or *vers noble*, usually has a natural break after the sixth syllable:

1   2′3   4   5   6′   7   8   9′   10   11 12′
Car elle me comprend,//et mon cœur, transparent
(dodecasyllabic)

Observe the accentuation, indicating a change in pitch as in normal speech, in the line above.

2. Except for blank verse, every line of regular French verse rhymes with another. In French, two words form a rhyme when the last stressed vowel and all following sounds are pronounced alike:

tinte-plainte   transparent-plaisant   m'aime-même

If in addition the preceding consonant is the same, it is called a "rich rhyme" (*une rime riche*):

orientale-natale

All French rhymes are either "feminine" or "masculine." They are feminine when they end in mute *e*:

haine-peine   vagabonde-monde   ignore-sonore

All other rhymes are masculine:

beauté-volupté   raison-trahison   langueur-cœur

3. Rhyme patterns.

a. The simplest rhyme pattern is the rhymed couplet— aa, bb, cc, dd, etc.—called *rimes plates*, alternating between pairs of masculine and feminine rhymes.

b. A stanza (*une strophe*) is a group of more than two lines, ordered by a regular pattern of rhyme. (In modern poetry, stanzas may include rhymes that form no consistent pattern, or they may lack rhyme altogether.) The most common stanzas follow the pattern abab (*rimes croisées*) or abba (*rimes embrassées*). You will find examples in the poems included in this book.

4. In addition to the various stanza forms outlined above, some other fixed poetic forms have been commonly used in French poetry. Of these, the *sonnet* has enjoyed the most enduring acceptance. It contains fourteen lines, divided thus: two stanzas of four lines each (quatrains), with *rime embrassée*, and six lines (two tercets), which use three new rhymes in one of these patterns: ccdeed, cdcdee, or cddcee. See Verlaine's *Mon Rêve familier*, for example.

Vocabulary

The following have been omitted from this vocabulary: articles, pronouns, numerals, most prepositions and conjunctions, most regularly formed adverbs, most regularly formed feminine adjectives, days and months, and words identical or nearly identical in form to words that have the same or a similar meaning in English: *table*, *cigarette*, *invisible*, etc.

Abbreviations

adj.	adjective	*f.*	feminine	*n.*	noun	*p.p.*	past participle
adv.	adverb	*fam.*	familiar	*pl.*	plural	*v.*	verb
conj.	conjunction	*m.*	masculine	*pop.*	popular		

abandonner to abandon; to quit
abattre to knock down
abbé *m.* priest
abdiquer to abdicate
abîmer to spoil
abonder to abound; to be plentiful;
— **dans le sens de quelqu'un** to be of someone's opinion
abonnement *m.* subscription
abonner to subscribe
abord: d'___ at first
aborder to approach
abords *m. pl.* surroundings
abriter to shelter, to protect; **s'___** to take shelter
abruti *m.* idiot
absolu absolute
accabler to crush; to overcome; to overwhelm
accessoires *m. pl.* properties (theater)
accompagner to accompany; to escort
accord *m.* chord, harmony
accorder to grant; to concede
accouder: s'___ to lean on one's elbows
accrocher to hang on a hook
accroissement *m.* increase
acheter to buy

achever to end; to conclude
acier *m.* steel
addition *f.* bill; check (restaurant)
adieu goodbye
admettre to admit
adresse *f.* address; **à l'___ de** directed to
advenir to occur; **advienne que pourra** come what may
affaiblir to weaken; to lessen
affaire *f.* thing, matter; **affaires** *pl.* business; **avoir affaire à** to deal with
affamé hungry, famished
affolement *m.* panic
affoler: s'___ to lose one's head
affreux frightful, horrible
africain African
Afrique *f.* Africa
aggraver: s'___ to aggravate; to increase
agir to act; **s'___ de** to concern
agiter to agitate
agréable pleasant, agreeable
aigu, aiguë sharp, shrill
ailé light; winged
ailleurs elsewhere; **d'___** besides, moreover, furthermore
aimer to like; to love; **___ mieux** to prefer
ainsi thus, in this manner

aise *f.*   ease
ajouter   to add
alcool *m.*   alcohol
alié *m.*   ally
allées et venues *f. pl.*   coming and going
aller   to go; **s'en** __   to go away; to depart
allonger   to lengthen; **s'__**   to grow longer
allumer   to light
allure *f.*   gait, pace; bearing; **à toute —**
    at top speed
alors   then; __ **que**   when
ambitieux *m.*   ambitious person; *adj.*
    ambitious
amener   to bring
amer   bitter
ami *m.*   friend
amitié *f.*   friendship; affection
amour *m.*   love
amoureux   in love
amusant   amusing
amuser   to amuse; **s'__**   to amuse onself;
    to trifle
ange *m.*   angel; __ **gardien**   guardian
    angel
angoissé   anguished
année *f.*   year
anniversaire *m.*   birthday
annoncer   to announce
annuaire (*m.*) **de téléphone**   telephone
    book
anormal   abnormal
antérieur   anterior
apaiser   to appease; to pacify
apercevoir   to perceive; to see; **s'__ de**
    to realize; to notice
aperçu *m.*   glimpse; sketch
aplatir: s'__   to lie down
appareil *m.*   apparatus; instrument
appartenir   to belong
appeler   to call; **s'__**   to be called
applaudir   to applaud
appliquer   to apply; **s'__**   to apply
    oneself; to work hard
apporter   to bring
apprendre   to learn; to teach
approcher: s'__   to approach
approfondir   to probe
appuyer   to lean
âpre   harsh
après   after

après-midi *m. and f.*   afternoon
arceau *m.*   hoop
argent *m.*   money
arracher   to pull; to tear up
arranger   to set in order; to arrange; **s'__**
    to manage; to come to terms
arriver   to arrive; to happen; to succeed
artificiel   artificial
ascenseur *m.*   elevator
Asie *f.*   Asia
assemblée *f.*   assembly
asseoir: s'__   to sit down
assez   enough
assis   seated
assister   to attend
associer   to associate
astre *m.*   star
atroce   atrocious, frightful
attacher   to fasten; to tie
atteindre   to attain; to hit; to touch;
    to reach
attendre   to wait for
attendri   tender, fond
attention: faire __   to pay attention
attrait *m.*   attraction
attrayant   attractive, alluring
attribuer   to attribute
aube *f.*   dawn
audience *f.*   hearing
aujourd'hui   today
aumônier *m.*   chaplain
auparavant   before, previously
auprès de   near to; close to; with
aussi   also; as; so
autant   as much, so much; __ **que**   as
    much as; **d'__ plus (moins) que**   all the
    more (less) because
autorité *f.*   authority
autour de   around
autre   other
autrement   otherwise
avaler   to swallow
avancer   to advance; to gain; to put forward
avant   before
avec   with
avenir *m.*   future; **d'__**   with a future
avertissement *m.*   warning
aveugle   blind
avis *m.*   opinion; advice; **de l'__ de**   in
    the opinion of

avocat *m.* lawyer
avoir to have; **__ affaire à** to deal with;
__ l'air to appear; **__ besoin** to need;
__ chaud to be hot; **__ droit à** to be
entitled to; **__ envie de** to want, to
wish; **__ faim** to be hungry; **__ froid**
to be cold; **__ honte** to be ashamed;
__ lieu to take place; **__ mal** to hurt;
__ du mal à to have difficulty with;
__ raison to be right; **__ soif** to be
thirsty; **__ soin** to take care; **__ tort**
to be wrong. **Qu'est-ce que tu as?**
What's the matter with you?
avouer to confess

baccalauréat *m.* high school examination
bachelier *m.* bachelor
baie *f.* large window
baigné suffused
bâiller to yawn
baiser to kiss
baisser to lower
balbutier to stammer; to mumble
balcon *m.* balcony
banal commonplace
banc *m.* bench
banlieue *f.* suburb
banque *f.* bank
banquier *m.* banker
barreau *m.* bar (juridical)
barrir to roar; to trumpet
barrissement *m.* roar
bas low
bataille *f.* battle
bateau *m.* boat; **__ à voile** sailboat
bâtir to build
battre to beat; to clap; **__ des mains**
to clap one's hands
bavardage *m.* idle chatter
beaucoup much, many
beau-père *m.* stepfather
beauté *f.* beauty
bégayer to stutter, to stammer
Belgique *f.* Belgium
bénéfice *m.* profit
bercer to rock; to soothe
besogne *f.* work, task
besoin *m.* need; **avoir __** to need
bestial bestial, brutish

bête *f.* animal; *adj.* stupid, silly
bêtise *f.* stupidity; silly thing
beurre *m.* butter
bibliothécaire *m. and f.* librarian
bibliothèque *f.* library
bien well, very; **__ des** many; **__ que**
though, although
bientôt soon
billet *m.* ticket
bistrot *m.* pub
blanc, blanche white
blancheur *f.* whiteness
blé *m.* wheat
blême pale; livid
blesser to wound
blouse *f.* blouse; overalls
bohème *f.* Bohemian
boire to drink
bois *m.* wood; forest; **avoir la gueule de**
__ to have a hangover
bon, bonne good
bond *m.* bound, leap; **d'un __** with a leap
bondé packed
bonheur *m.* happiness
bord *m.* edge; rim
border to border, to edge
bordure *f.* border
borné narrow-minded
bosse *f.* bump, lump
botanique *f.* botany; *adj.* botanical
bouche *f.* mouth
bouger to move; to stir
boulangerie *f.* bakery
bouquin *m.* old book
bourgeois *m.* citizen
bourreau *m.* executioner
bout *m.* end; **à __** at the very end;
un __ de a bit of
bouteille *f.* bottle
boutique *f.* shop, store
bouton *m.* button
boutonnière *f.* buttonhole
branche *f.* branch
bras *m.* arm
brasserie *f.* café
bref brief, short; quick
briller to shine
brique *f.* brick
briser to break

brochure *f.* booklet, pamphlet
brodé embroidered
broderie *f.* embroidery work
brouillard *m.* fog
brouillé murky
bruit *m.* sound: noise
brûler to burn
brume *f.* fog, mist
brun brown: dark
brusquement abruptly
brutalement brutally
bruyamment noisily
bureau *m.* office
but *m.* aim, goal, purpose

cabinet *m.* office
cacher to hide: to conceal
café *m.* restaurant
cafouiller *fam.* to flounder
cahier *m.* notebook
caillou *m.* pebble
calcul *m.* calculation
calculer to calculate
calmer to calm
cambrioleur *m.* burglar
campagne *f.* country
canevas *m.* outline
canon *m.* gun
canotier *m.* straw hat
Cantatrice: la __ chauve *The Bald Soprano*
car because
caractère *m.* character: nature
cargo *m.* freighter
carrière *f.* career
cas *m.* case, instance: **en tout __** in any case
caserne *f.* barracks
casquette *f.* peaked cap
cause: à __ de on account of
causer to chat
céder to yield, to give way: to open
célèbre famous, celebrated
centaine *f.* about a hundred
centenaire *m.* centennial
cependant meanwhile, however
cérémonie *f.* ceremony
cerveau *m.* brain

cesse *f.* cease
cesser to cease, to stop
chacun each, each one: everybody
chagrin *m.* sorrow
chaîne *f.* chain
chaise *f.* chair
chaleur *f.* heat
chambre *f.* bedroom: room
champ *m.* field
chance *f.* opportunity
changer to change
chanter to sing
chapeau *m.* hat
chaque each: every
charger to charge: to load
charmant charming
charrette *f.* cart
chasse *f.* hunting
chasser to expel
chat *m.* cat
château *m.* castle
chaud warm, hot
chauffeur *m.* driver
chef *m.* chief: boss: head
chemin *m.* road: **__ de fer** *m.* railroad
cher, chère dear: expensive
chercher to search for, to look for
chéri beloved, dear
cheveu *m.* hair: **cheveux** *pl.* hair: **avoir mal aux cheveux** to have a hangover
chez at the home (house, office) of someone
chiffre *m.* figure, number
chirurgien *m.* surgeon
choc *m.* shock
choisir to choose
choquant shocking
chose *f.* thing: **autre__** something else: **de __ et d'autres** of this and that
chronique *f.* chronicle
chuchotement *m.* whisper
chuchoter to whisper
chut silence!
cidre *m.* cider
ciel *m.*, **cieux** *pl.* sky: heaven
cierge *m.* church candle
ciment *m.* cement
circulation *f.* traffic

cirque *m.* circus
clair clear
clandestin secret
claquer to slap; to bang
clé, clef *f.* key
cloche *f.* bell
clouer to nail
cochon *m.* pig; swine (person)
cœur *m.* heart; **avoir le ___ gros** to be sad; **avoir un ___ d'or** to be kind; **de bon ___** willingly; **serrer le ___** to sadden
cogner to knock; to hit
coin *m.* corner
colère *f.* anger
collègue *m. and f.* colleague
coloré ruddy
combien how much, how many
commander to order
comme like, as
commencement *m.* beginning
commencer to start
commenter to comment
commettre to commit
commun common, usual
commune *f.* township
comparer to compare
complaire to please
compréhensif understanding
comprendre to understand
compromettre to compromise
compromis *m.* compromise
compter to count
concierge *m. and f.* janitor; doorkeeper
concis terse
concluant conclusive
condamner to condemn
conduire to drive; to lead
conférence *f.* lecture
confiance *f.* confidence
confirmer to confirm
confiture *f.* jam, preserve
conjoint *m.* spouse (legal term)
connaissance *f.* acquaintance; knowledge
connaître to know; to be acquainted with
conquérir to conquer
conquête *f.* conquest
consacrer: se ___ to devote oneself
conseil *m.* advice

conserve *f.* preserves
considérer to consider; to contemplate
consoler to console
construire to build
conte *m.* story, tale
contempler to contemplate
contenir to contain; to restrain
content happy, content, satisfied
contenter to satisfy; **se ___** to be content, to be satisfied
contenu *m.* contents; *adj.* restrained
conteur *m.* storyteller
continu continuous
continuer to continue
contraire *m. and adj.* opposite
contrarier to bother; to annoy
contre against; **par ___** on the contrary
contredire to contradict
contrée *f.* country, region
controverse *f.* controversy
convaincre to convince
convenable suitable; decent
coquillage *m.* seashell
coquine *f.* hussy, tramp
corne *f.* horn
corps *m.* body
corriger to correct
costume *m.* costume; dress; suit
côte *f.* coast
côté *m.* side; **à ___ de** beside; **de ___** aside
coton *m.* cotton; cotton batting
cou *m.* neck
couchant *m.* sunset
coucher to sleep; **se ___** to go to bed
couchette *f.* small bed
couler to flow
couleur *f.* color
coup *m.* knock, blow; **sur le ___ de** around
couper to cut; **___ le fil** interrupt
cour *f.* court, yard
courir to run
cours *m.* course
course *f.* course; running
court short; small; **tout ___** simply
courtisan *m.* courtier
courtoisie *f.* courteousness, politeness
coussin *m.* pillow
couteau *m.* knife

coutume *f.*   custom; habit
coutumier   customary
couvert *m.*   place setting; **mettre le** ___
  to set the table
couverture *f.*   blanket, cover
couvrir   to cover
craindre   to fear
crainte *f.*   fear
créer   to create
crème *f.*   cream
crever   to burst; *pop.* to die
crevette *f.*   shrimp
cri *m.*   cry, shout
critique *f.*   criticism
critiquer   to criticize
croire   to believe
croiser   to meet; to pass someone
croix *f.*   cross
cueillir   to gather
cuir *m.*   leather
cuisine *f.*   kitchen
culotte *f.*   pants
cultiver   to cultivate
curieux   interested; curious
curiosité *f.*   curiosity
cynique   cynical

dactylo *m. and f.*   typist
dalle *f.*   flagstone
dame!   why, yes!
dame: ___ **d'honneur** *f.*   noble lady
dangereux   dangerous
dans   in
davantage   more
débarrasser   to get rid of
débat *m.*   discussion
débauche *f.*   debauchery
déborder   to overflow
debout   standing
décidé   resolute, determined
décider   to decide
décimer   to decimate
déclarer   to declare
décombres *m. pl.*   debris
déconseiller   to advise against
décor *m.*   scenery
décoré   decorated (with medal or ribbon)
décorer   to decorate
découper   to cut up; to carve

découverte *f.*   discovery
découvrir   to discover
décrire   to describe
décrocher   to unhook; to pick up
déçu (*p.p. of* **decevoir**)   deceived;
  disappointed
dedans   inside
défaillant   about to swoon
défaut *m.*   defect
défendre   to defend; to protect
défigurer   to disfigure
dégager   to free; **se** ___ to free oneself
dégoût *m.*   disgust
dégoûter   to disgust
déguiser   to disguise
dehors   outside
déjà   already
déjeuner *v.*   to eat lunch
déjeuner *m.*   lunch
délicieux   delightful; delicious
demain   tomorrow
demander   to ask; **se** ___ to wonder
demeurer   to stay
demi   half; **à** ___ half; halfway
démodé   old-fashioned; out-of-date
demoiselle *f.*   single woman
démolir   to demolish
dentelle *f.*   lace
départ *m.*   start; departure
dépasser   to top
dépeindre   to depict; to describe
dépenser   to spend
dépérir   to waste away; to wither
déplacer   to displace; to move; **se** ___ to
  change one's place
déposer   to set or lay down; to deposit
depuis   since; for; after; ___ **que** since
député *m.*   representative
déraisonnable   irrational; unwise
déranger   to disarrange; to disturb;
  se ___ to trouble oneself
dernier   last
derrière   behind
dès   since; from
désapprouver   to object to
descendre   to go down
désertique   desertlike
désespéré   desperate; hopeless
désobliger   to offend

desœuvrement *m.* idleness; leisure
désolé sorry; distressed
desséché dried up
desserrer to loosen
dessiner to draw
dessous under
dessus above; over; on; **là-dessus**
    thereupon; **par-dessus tout** above all
destinée *f.* destiny, fate
désunir to divide
détail *m.* detail; **question de ___** small
    matter
détailler to study in detail; to cut up
détenir to hold; to detain
détenu *m.* prisoner
détruire to destroy
devant in front of
devanture *f.* shop window
devenir to become
dévêtir: se ___ to undress
deviner to guess
déverser: se ___ to pour out; to spread out
devoir *v.* to owe; to have to (must, should)
devoir *m.* duty; homework
dévorer to devour
diable *m.* devil
différer to differ
difficile difficult
digne worthy, deserving; dignified
dîner *m.* dinner
dire *v.* to say, to tell
dire *m.* statement
diriger to direct; to guide
discours *m.* speech
discuter to discuss
disparaître to disappear
disparu missing
dispenser to dispense; to distribute
disperser: se ___ to disperse
disputer: se ___ to quarrel
dissipé dissipated
distinguer to distinguish
distrait absent-minded
divers diverse, various
divertir to entertain
division *f.* department
divorcer to divorce
doigt *m.* finger
domaine *m.* domain; field, scope

dominer to rule; to dominate; to tower
    above
donc then
donner to give; **___ raison à** to agree with
doré golden
dormir to sleep
dos *m.* back; **de ___** back view
doucement gently; softly
douceur *f.* pleasantness
douloureux painful; sad
doute *f.* doubt
douter to doubt; **se ___ de** to suspect
doux, douce gentle; soft; smooth
dramaturge *m.* playwright
dresser to set up
droit straight; **avoir ___** to be entitled to
droite *f.* right; **à ___** to the right
drôle funny
durcir to grow hard
durer to last

éblouir to dazzle
ébranler: s'___ to move off; to shake; to
    totter
écarter to turn aside; to divert; **s'___** to
    deviate; to go astray
échapper to escape; **l'___ belle** to have
    a narrow escape
échelle *f.* ladder
éclair *m.* lightning
éclosion *f.* blossoming
écœurer: s'___ to be dejected
école *f.* school
écouter to listen
écran *m.* screen
écraser to crush
écrire to write
écriteau *m.* sign
écritures *f. pl.* legal or commercial papers
écrivain *m.* writer
écrouler: s'___ to collapse
écumer to be furious
écuyer *m.* riding instructor
éditeur *m.* publisher
effacer to erase; **s'___** to stand aside
effet *m.* effect; **en ___** in fact, indeed
efficace effective
effondrer: s'___ to crumble; to collapse

efforcer: s'___ to strive; to do one's utmost

effrayer: s'___ to be frightened

effroi *m.* fright

effronterie *f.* impudence

effroyable frightful, dreadful

égal equal; **cela m'est ___** it is all the same to me

église *f.* church

égoïsme *m.* selfishness

élargir to widen; **s'___** to widen; to let out

élève *m. and f.* student, pupil

éloigné distant

éloigner to move off; to estrange; **s'___** to withdraw; to move off

embarquer to embark

embaumé balmy; perfumed

embêter: s'___ to be bored

emblème *m.* emblem

embrasser to kiss

émerveiller to amaze

emmener to take away

émoi *m.* agitation

empaler to impale

empêcher to prevent

emporter to carry away; **s'___** to lose one's temper

en in; as; like

enchanter to delight; to bewitch

encore again; still

endroit *m.* place

énerver: s'___ to become irritated; to get excited

enfance *f.* childhood

enfant *m. and f.* child

enfermer to shut; to lock up; **s'___** to lock oneself in

enfin at last, still

enflammer to inflame; to ignite; **s'___** to become enthusiastic

enfuir: s'___ to run away

engraisser to put on weight

enivrer: s'___ to get drunk

enlever to remove, to take away

ennui *m.* nuisance; boredom

ennuyer to annoy; **s'___** to be bored

ennuyeux tiresome; boring; importunate

enregistrer to register

enroué hoarse

enseigner to teach

ensemble together

ensuite then

entamer to begin; to broach

entendre to hear; to understand; **s'___** to come to an understanding; **bien entendu** of course

entêter: s'___ to be obstinate, to be stubborn

entier entire, complete

entre between

entreprendre to undertake

entrer to enter

entretenir to maintain, to keep up

entrevoir to catch sight

entrevue *f.* interview

entrouvrir to open halfway

énumérer enumerate

envelopper to envelop; to surround

envie *f.* desire, longing

envieux envious

environ about

épais, épaisse thick

épanoui beaming

épatant terrific, "swell"

épaule *f.* shoulder

épauler to back up, to lend support (to

éperdu bewildered

épicier *m.* grocer

épidémie *f.* outbreak

épingle *f.* pin

éploré weeping

épouse *f.* wife

épouser to marry

épouvanter to terrify

époux *m.* husband

épreuve *f.* proof; **___ d'imprimerie** printer's proof

éprouver to test, to try; to feel, to experience

erroné erroneous

escalier *m.* stairs

esclave *m. and f.* slave

espèce *f.* species, kind, sort; **___ d'Asiatique** you lousy Asiatic!

espérer to hope; to expect

espoir *m.* hope

esprit *m.* mind; wit

essayer to try

essuyer to wipe

estimer to deem
estomac *m.* stomach
estuaire *m.* estuary
et and
établir to establish
étage *m.* floor
étalage *m.* display
état *m.* state, condition
été *m.* summer
étendu lying down; far-reaching
étincelant sparkling
étoffe *f.* material, fabric
étoile *f.* star
étonné surprised
étonnement *m.* astonishment
étonner: s'___ to be astonished
étrange strange
étranger foreign
être *m.* being; person
étreinte *f.* embrace, hug
étroit narrow
étrennes *f. pl.* New Year's gifts
étude *f.* study
étudier to study
évanouir: s'___ to faint
éveiller to awaken; to arouse
évènement *m.* event
évidemment evidently, of course
éviter to avoid; to spare
évocateur evocative
évoquer to evoke
exactement exactly
exagéré exaggerated
exaltant exalted, lofty
exalter to exalt; to magnify
examiner to examine
exceptionnel outstanding
exclamer: s'___ to exclaim
exemplaire *m.* copy
exemple *m.* example
exercé experienced
exigence *f.* unreasonable demand, requirement
exiler to exile, to banish
expliquer to explain
exprimer to express
extérieur *n. m. and adj.* exterior, outside
extraire to extract
extrêmement extremely

face: d'en ___ opposite, facing
fâcher: se ___ to get angry
fâcheux troublesome; unfortunate
facile easy
façon *f.* fashion, manner, way
faculté *f.* (medical) Faculty
faible feeble, weak
faim *f.* hunger; **avoir ___** to be hungry
faire to make; to do; to say; **___ des démarches** to take steps; **___ enrager** to tease; **___ face** to force; **___ faire** to have made; **___ froid** to be cold (weather); **___ fonction de** to act as; **___ l'innocent** to sham innocence; **___ mal** to injure; **___ la part des choses** to take into consideration; **___ la tête** to sulk; **___ venir** to send for; **___ voir** to show; **Qu'y ___?** How can it be helped?; **se ___** to take place; to be done; to develop
falloir to be necessary
familier familiar
farce *f.* farce; trick; **faire des farces** to play tricks
faute *f.* fault
fauteuil *m.* chair, armchair
fauve *m.* wild animal
femme woman; wife; **bonne ___** *fam.* woman
fenêtre *f.* window
fer *m.* iron
ferme *f.* farm
fermer to close
fermeté *f.* firmness
fête *f.* festivity
fêter to celebrate
feu *m.* fire
feuillage *m.* foliage
feuille *f.* leaf; sheet of paper; **___ de présence** attendance sheet
fiancé *n. m. and adj.* betrothed
ficher: se ___ (de) *pop.* not to care (about)
fidèle faithful
fier proud
fièrement proudly
fièvre *f.* fever
figurer to figure
fille *f.* daughter; girl; **jeune ___** girl; young woman

fils *m.* son
fin *f.* end
finir to end
fixement fixedly
fixer to fix
flasque flaccid
flatteur flattering
fleur *f.* flower
fleurir to flower, to blossom
fleuve *m.* river
flot *m.* wave
foin *m.* hay
fois *f.* time; occasion
folie *f.* stupidity; folly, madness
foncer to charge, to rush
fond *m.* end; back; depth; bottom;
  au __ at heart, after all; in the
  background
force *f.* strength, force; **à toute** __ in
  spite of all opposition
forme *f.* shape
former: se __ to form
fort strong; very; **trop** __ too much
fou, folle mad, crazy
foudroyer (du regard) to give a crushing
  look
fouet *m.* whip
fouiller to search; to rummage
foule *f.* crowd; **une** __ **de** a lot of
fouler to trample
fraîcheur *f.* coolness; freshness
frais, fraîche fresh, recent; **frais et dispos**
  hale and hearty
franc, franche open; frank
frapper to strike, to hit
frémir to quiver, to tremble
froisser to rumple, to crumple; to hurt
frôler to brush against
fromage *m.* cheese
front *m.* forehead
frontière *f.* frontier
fumée *f.* smoke
fumer to smoke
fureur *f.* fury, rage
furtif furtive, stealthy

gâcher to spoil
gages *m. pl.* wages, pay

galerie *f.* gallery
galonner to trim with braid
garde *f.* guard; care; **prendre** __ to
  beware, to be careful of; **monter la** __
  to go on guard; **être sur ses gardes**
  to stand on one's guard
garder to keep
gaspiller to waste
gauche *f.* left; **à** __ to the left
gêner to embarrass; to bother; to disturb;
  to be too tight; **se** __ to bother
génie *m.* genius; talent
genre *m.* kind, way, manner; sort
gentiment gently; in a friendly way; nicely
géographie *f.* geography
geste *m.* gesture; action
gifle *f.* slap
girouette *f.* weathervane
glace *f.* mirror
glisser to slip
gloire *f.* glory
glouton greedy
gonfler: se __ to swell
gorge *f.* throat
gosse *m. and f. fam.* kid
goûter to taste; to appreciate
gouvernante *f.* governess
gouverneur *m.* tutor
grâce *f.* grace; charm; gracefulness;
  __ **à** thanks to
grand large; tall; old
gratuit free of charge
grave grave; low-pitched
gravir to climb, to ascend
grêle slender
grelot *m.* little bell
grenier *m.* attic
grille *f.* iron gate
grimper to climb
grincer to grate, to grind, to creak
gris gray
grotte *f.* grotto
guère: ne... __ not much; scarcely, hardly
guérison *f.* recovery
guerre *f.* war
guider to guide

habiller to dress
habiter to live in, to inhabit

habits *m. pl.* clothes
habitude *f.* habit, custom; **d'___** as usual
haie *f.* edge
haine *f.* hate
harceler to pester; to harass
hasard *m.* chance, accident; **par ___** by
   chance
hâter: se ___ to hasten, to hurry
haut high; *adv.* fondly
hébété dazed, bewildered
herbe *f.* plant; grass
hériter to inherit
héritier *m.* heir; **heritière** *f.* heiress
hésiter to hesitate
heure *f.* hour; **sur l'___** at once
hideux hideous
hier yesterday
hisser to hoist
histoire *f.* story
hiver *m.* winter
homme *m.* man
honte *f.* shame
hors de beyond; **___ de lui** beside himself
houle *f.* swell, surge
humain human
humanitaire humanitarian
humeur *f.* mood
hurlement *m.* howling, yelling
hurler to howl, to yell

idée *f.* idea
ignorer not to know
ile *f.* island
image *f.* picture
imaginer to imagine
immeuble *m.* building; house; apartment
   house
immodeste immodest, indecent
impensable unthinkable
impérieux domineering; haughty
impitoyable pitiless, merciless
importer to signify; to matter; **il importe
   peu** it matters little; **n'importe** no
   matter, never mind; **n'importe qui**
   anyone; no matter who; **n'importe
   quoi** no matter what
imposant imposing, stately
imprégné imbued

impressioner to impress; to affect
imprimer to print
impropre improper
inattendu unexpected
incliner to incline, to bow; to predispose;
   s'___ to bow; to bend over
incommoder to inconvenience; to upset
incompatibilité *f.* incompatibility
inconnu *m.* stranger, unknown person;
   adj. unknown
indécis undecided, unsettled
indicateur *m.* timetable
indigner: s'___ to be indignant
infaillible certain, sure
infâme infamous
infliger to inflict
informe shapeless
inoubliable unforgettable
inquiétude *f.* anxiety, concern
insidieux insidious
insinuant insinuating
insolite unusual
instruction *f.* education
instruire to teach; to examine, to study;
   s'___ to improve one's mind
intenable untenable
intéressant interesting
interpréter to interpret
interroger to question; to examine
interrompre to interrupt
intervenir to intervene
inutile useless
inventer to invent
ironiser to speak ironically
irrégulier irregular
ivre intoxicated, drunk

jalousie *f.* jealousy
jaloux jealous
jamais never; ever
jambe *f.* leg
jardin *m.* garden; **___ zoologique** zoo
jaune yellow
jeter to throw, to hurl
jeu *m.* game
jeune young
jeunesse *f.* youth
joie *f.* joy

joli pretty
joue *f.* cheek
jouer to play; **se** ___ to be played
jour *m.* day
journal *m.* newspaper; diary
journalier *m.* day laborer
journée *f.* daytime; the whole day
juger to judge
jupe *f.* skirt
jurer to swear
jusqu'à until, up to
jusque until
juste right, exact; just; **au** ___ exactly
justement precisely; justly
justicier pertaining to a judge, justice
justifier to justify

là there
là-bas over there
labeur *f.* work, labor
laboratoire *m.* laboratory
laborieux arduous, hard
lac *m.* lake
lâcher to let go
là-haut up there; heaven
laid ugly
laideur *f.* ugliness
laisser to let
lambeau *m.* shred, rag
lancer to hurl
languir to languish
large wide
larme *f.* tear
las tired, weary
lavage *m.* washing
laver to wash
leçon *f.* lesson
lecteur *m.* reader
lecture *f.* reading
léger, légère light; slight
lendemain *m.* the next day, day after
lent slow
lentement slowly
lenteur *f.* slowness
lever *v.* to raise, to lift; **se** ___ to get up
lever *m.* rising, getting up
lèvre *f.* lip
liaison *f.* close relationship

liberté *f.* freedom
libre free
licencié en droit *m.* law graduate
lieu *m.* place; **avoir** ___ to take place;
   ___ **commun** common place; **au** ___ **de**
   instead of
ligne *f.* line
linceul *m.* shroud
lire to read
lit *m.* bed
littéraire literary
littérature *f.* literature
livre *m.* book
locataire *m.* tenant
location *f.* renting; on loan
loge *f.* room; apartment
logique logical
logis *m.* house; dwelling
loin far
lointain distant
loisir *m.* leisure; time
long, longue long; **plus long** more;
   le long de along
longer to keep to the side
longtemps for a long time
longuement at length
lorsque when
luire to gleam, to glisten
luisant shining
lumière *f.* light
lunettes *f. pl.* eyeglasses
lutter to struggle, to fight
lycée *m.* secondary school

machinalement mechanically;
   unconsciously
magnifique magnificent
main *f.* hand
maintenant now
maintenir to maintain; to hold; **se** ___ to
   hold on
mairie *f.* city hall
mais but
maison *f.* house
maître *m.* master; chief, head; ___ **d'hotel**
   steward; headwaiter
maîtresse *f.* mistress
maîtrise *f.* mastership

majestueux majestic
majuscule *f.* capital letter
mal *m.* evil; harm; hurt; trouble; ___ *adv.*
  badly; **être ___ à l'aise** to be
  uncomfortable; **avoir du ___ (à)** to have
  difficulty with; **avoir ___** to hurt;
  faire ___ to injure; ___ **de gorge** sore
  throat; ___ **de tête** headache
malade sick
maladroit clumsy, blundering
malgré in spite of
malheur *m.* misfortune, bad luck; woe;
  accident
malheureux *m. and adj.* unhappy,
  unfortunate
malicieux malicious
manche *f.* channel; sleeve
mangeoire *f.* feeding bin
maniéré affected; genteel
manquer to lack, to fail; to be absent,
  to be missing; ___ **à quelqu'un** to be
  missed by someone; ___ **de** to be short
  of; **ne pas ___ de faire** not to neglect
  to do
manuel *m.* textbook
marbre *m.* marble
marchand *m.* merchant, vendor
marche *f.* step of a staircase
marcher to walk
marécageux swampy
mariage *m.* marriage
marier to marry; **se ___** to get married,
  to marry
marmiton *m.* cook's boy (helper)
marque *f.* mark, sign; model, brand
marraine *f.* godmother
masse *f.* mass
matin *m.* morning
maugréer to grumble
mauvais bad
mécontent discontented, dissatisfied
médecin *m.* physician
méfier: se ___ to distrust
mélange *m.* mixture
mêler to mix; **se ___ à** to involve oneself
  in; **se ___ de** to take a hand in
même same; **tout de ___** just the same;
  de ___ likewise; **quand ___** even
  though

mémoire *f.* remembrance
mémoire *m.* report
menace *f.* threat
ménage *m.* family; household; **en ___** in
  married life
ménagement *f.* consideration
ménagère *f.* housewife
mensonge *m.* lie
mentir to lie
mépris *m.* contempt
mépriser to despise
mer *f.* sea
merci thank you
mère *f.* mother
mériter to merit, to deserve
méritoire deserving, meritorious
mesquin mean; shabby
messe *f.* mass
métamorphose *f.* metamorphosis,
  transfiguration
mètre *m.* meter
metteur en scène *m.* director
mettre to put, to set, to place; ___ **en**
  colère to anger; ___ **du temps** to
  take time; ___ **à la porte** to fire, to
  dismiss; **se ___ à** to begin; **se ___ à**
  la page to bring oneself up to date;
  se ___ à la portée de to make oneself
  understood by
meuble *m.* piece of furniture
meule *f.* stack
miaulement *m.* mewing
midi *m.* noon; south
mieux better
milieu *m.* middle; surrounding, circle
militaire military
ministre *m.* minister
minuit *m.* midnight
miroir *m.* mirror
mise *f.* placing, putting; placement
mode *f.* fashion; **à la ___** in vogue, in
  fashion
mœurs *f. pl.* customs; manners
moindre lesser; **le, la ___** the least;
  slightest
moins less; **du ___** at least
moisson *f.* harvest
moissonner to harvest
moitié *f.* half

moment *m.* moment: **par** ___ at times
monde *m.* world, society: **tout le** ___ everybody
mondial worldwide
monseigneur *m.* His Royal Higness
monsieur *m.*, **messieurs** *pl.* mister
monter to go up: to get in: to mount: to bring up: to fetch
montre *f.* watch
montrer to show
morale *f.* ethics: morals
morceau *m.* piece
mordre to bite: **être mordu** to be smitten
morfondre: se ___ to be bored to death
mort *f.* death
mort *m.* dead (person)
mortel mortal
mot *m.* word
mouchoir *m.* handkerchief
mouillé moist
moulin *m.* mill
mourir to die
moustache *f.* moustache
mouton *m.* sheep
mouvement *m.* movement
moyen *m.* way, means: **au** ___ **de** by means of: **il n'y a pas** ___ it is not possible
moyennant on condition: by means of
muraille *f.* wall
musée *m.* museum
mystère *m.* mystery
mystérieux mysterious
mystique mystic

naissance *f.* birth
naître to be born
naufrage *m.* shipwreck
navrant heartbreaking
nécessité *f.* necessity
négliger to neglect
nerveux nervous
nez *m.* nose
ni nor; **ni ... ni** neither . . . nor
nid *m.* nest
nier to deny
noce *f.* wedding

noir black
nom *m.* name; **au** ___ **de** in the name of
nomade *m.* nomad
nombreux numerous
nouveau, nouvelle new: **de nouveau** again
nouvelle *f.* news: short story
nu naked
nuage *m.* cloud
nudité *f.* nudity, nakedness
nuit *f.* night
nulle part nowhere

obéir to obey
obséder to obsess
observer to observe: to note, to notice
obtenir to obtain
occupé busy, occupied
occuper to occupy: **s'** ___ to be concerned with: to tend (to)
odeur *f.* odor, fragrance
œil *m.*, **yeux** *pl.* eye
œuf *m.* egg
œuvre *f.* work
officier *m.* officer
oignon *m.* onion: bulb
oiseau *m.* bird
ombre *f.* shade
oncle *m.* uncle
opposer: s' ___ to oppose, to object to
or *m.* gold
orage *m.* storm
orangerie *f.* orangery: orange grove
ordre *m.* order
oreille *f.* ear
orgueil *m.* pride
orné adorned, decorated
osciller to oscillate
oser to dare
ou or
où where
oublier to forget
oublieux forgetful
outre: en ___ besides
ouvrier *m.*, **ouvrière** *f.* worker: seamstress: factory worker
ouvrir to open

païen pagan
paisible peaceful, quiet
paix *f.* peace
palais *m.* palace
palefrenier *m.* groom (for horses)
paletot *m.* coat
palier *m.* landing
panier *m.* basket
papier *m.* paper
paradis *m.* paradise
paradoxe *m.* paradox
paraître to seem, to appear
parcourir to run through
pardessus *m.* overcoat
pardon *m.* forgiveness
pardonner to forgive
pareil like, similar
parfait perfect
parfaitement perfectly; quite so
parfois sometimes
parfumer to scent
parier to bet
parmi among
paroissien *m.* prayer book
parole *f.* word
parquer to enclose; to shut in
part *f.* part, share; side; **d'autre ___** on
     the other hand; **de la ___ de** from;
     de votre ___ for your part; **nulle ___**
     nowhere; **quelque ___** somewhere
particulier special, particular; intimate
partie: être de la ___ to join
partir to leave, to depart; **à ___ de** from
partout everywhere
parvenir to arrive at, to reach; to succeed
pas *m.* step, pace; **au ___** at a walking
     pace; **faire un ___** to take a step;
     un mauvais ___ awkward situation;
     un faux ___ a slip, a blunder
passer to pass; **en ___ par là** to put up
     with it; **___ le mot** pardon the word;
     ___ pour to be considered; **passe**
     encore well and good
passionnant thrilling, fervent
patron *m.* patron; patron saint; protector
patronner to patronize
paume *f.* palm (of the hand)
pauvre poor, indigent; unfortunate
pavé *m.* pavement

payer to pay
paysage *m.* scenery
paysan *m.* peasant
peau *f.* skin
pêche *f.* fishing
pêcher to fish
peindre to paint
peine *f.* grief; pain; sorrow; **à ___** hardly
peintre *m.* painter
peinture *f.* portrayal
pelouse *f.* lawn
pencher to lean, to bend; **se ___** to lean
pendant during, for; **___ que** while
pendule *f.* clock
pénétrer to enter, to penetrate; to imbue
pénible painful, laborious
pensée *f.* thought
penser to think
pente *f.* slope; **en ___** inclined
pénurie *f.* poverty; lack
percer to pierce; to make holes or openings
perdre to lose
périmé out-of-date
permettre to allow, to permit
permis *m.* permit, license
perron *m.* flight of stairs before a building
perruque *f.* wig
personnage *m.* character (book); person
personne *f.* person; **les grandes personnes**
     the grownups, adults; *pron.* no one,
     nobody
persuadé convinced
pesant heavy; weighty
peste *f.* plague
petit small, little
peu little, few
peur *f.* fear; **avoir ___** to be afraid
peut-être perhaps
pharmacien *m.* pharmacist
photographie *f.* photograph
pièce *f.* play
pied *m.* foot; **perdre ___** to lose one's
     foothold; **fouler aux pieds** to trample
     underfoot
pierre *f.* stone
piété *f.* devotion, affection; piety;
     ___ filiale filial devotion
piétiner to trample
pieux pious

pilier *m.* pillar, column
pinceau *m.* paintbrush
pire worse; **le** ___ worst
pis worse; **tant** ___ too bad
place *f.* place; public square; seat
plafond *m.* ceiling
plage *f.* beach
plaider to plead (a cause)
plaindre to pity; **se** ___ to complain
plaintif plaintive
plaire to please; **se** ___ to take pleasure,
to be pleased
plaisanter to joke
plaisanterie *f.* joke
platane *m.* plane-tree (sycamore)
plein full
pleurer to cry
pleuvoir to rain
plonger to plunge; to dive; to immerse
pluie *f.* rain
plume *f.* feather; pen, quill
plus more; **de** ___ **en** ___ more and more
plutôt rather, more
poche *f.* pocket
poids *m.* weight
poignet *m.* wrist
poil *m.* hair (on the body)
poilu hairy
poing *m.* fist
point *m.* point, mark; **au** ___ focused
on one's work
pointer to point; to appear
poitrine *f.* chest
poli polished
pompier *m.* fireman
port *m.* harbor; bearing
portail *m.* large door
porte *f.* door
porter to bear, to carry; to wear; to bring
portique *m.* porch; portico
posément sedately, staidly
poser to put, to place, to set; ___ **une**
question to ask a question; ___ **un**
problème to set a problem
posséder to possess, to own
poste *f.* post office; mail
poste *m.* station; job, position; ___ **de TSF**
radio set
pot *m.* jar

potager *m.* vegetable garden
poudreux dusty
poulet *m.* chicken
pouls *m.* pulse
pour for
pourquoi why
pourrir to rot, to decay
poursuivre to pursue; to continue
pourtant however, nevertheless, still
pousser to grow; to push; to utter;
___ **à bout** to aggravate
poussière *f.* dust
pouvoir *v.* to be able; **il se peut que**
it is possible that
pouvoir *n.* power
pratique *f.* practice; application
précieux precious, valuable
précipitamment hastily
précipité hurried, quick
précipiter to hurry, to precipitate;
se ___ to dash, to rush headlong
précis precise
préciser to be exact; to specify
préface *f.* introduction
premier plan *m.* foreground
prendre to take; **s'y** ___ to go about it
près de near; **tout** ___ **de** close to, next to
présenter to show
presque almost, nearly
pressé in a hurry
prestige *m.* glamour; magic; prestige
prétentieux pretentious
prêter to lend
prévenir to warn
prévoir to foresee; **à** ___ to be expected
prier to pray, to entreat, to beseech, to beg
printemps *m.* spring
priver to deprive; **se** ___ **de** to do without
prix *m.* cost; price
probant convincing
proche near; close
proches *m. pl.* near relations
procurer to procure
prodiges *m. pl.* wonders
prodiguer to lavish; to squander
produire to produce; to cause; **se** ___ to
happen
profiter to take advantage of; to profit;
to enjoy

profond deep
profondeur *f.* depth; **en** ___ deeply
projet *m.* project
promener: se ___ to walk; **se** ___ **de
   long en large** to pace
promeneur *m.* pedestrian
promettre to promise
propre proper; own; clean; **sa** ___ **maison**
   his own house
propriétaire *m. and f.* owner
protester to protest
prouver to prove
provenance *f.* origin
proximité proximity; **à** ___ nearby
psychologie *f.* psychology
publier to publish
pudique modest
puis then
puisque since, as
puissant powerful; **tout-**___ mighty

quai *m.* pier
quand when; ___ **même** just the same,
   even so
quarantaine *f.* about forty
quart *m.* quarter
quartier *m.* quarter, section (of city)
quereller: se ___ to quarrel
quêter to ask
quitter to leave
quoi what
quoique although
quotidien daily

rabattre to press down
raccommoder: se ___ to make it up
raccourcir to shorten
racheter to buy back; to recover
raconter to tell, to relate
rafraîchir to cool; to refresh
raison *f.* reason; **avoir** ___ to be right
ramasser to pick up
rancune *f.* resentment
rang *m.* rank
ranger to arrange; to put away; **se** ___ to
   line up
rappeler to recall; **se** ___ to remember

rarement rarely
rasseoir to sit down again
rassurer to reassure; to cheer
raté *m. fam.* failure
rauque hoarse
ravager to devastate
ravages *m. pl.* havoc, devastation
ravi delighted
ravissant charming, ravishing
réagir to react
rebrousser chemin to retrace one's steps
recaler to fail an examination
recensement *m.* census
récepteur *m.* receiver
recette *f.* recipe; trick
recevoir to receive; to welcome; **être
   reçu à un examen** to pass an
   examination
recherche *f.* search; research
rechercher to search for; to court
récit *m.* narration, story
réciter to recite
réclamer to crave
récompense *f.* reward, recompense
réconcilier to reconcile; **se** ___ to be
   reconciled
reconnaître to recognize
recouvrer to recover, to regain
rectifier to rectify; to straighten
reçu *m.* receipt
recueil *m.* collection
recueillement *m.* meditation
redouter to dread
redresser to raise
réellement really
réfléchi serious-minded
réfléchir to reflect
refléter to reflect
refuser to refuse, to decline, to deny;
   être refusé à un examen to fail an
   examination
regagner to regain, to get back
regard *m.* look, glance
regarder to look at; **ça ne te regarde pas**
   it's none of your business
régénérer to regenerate
regretter to regret, to be sorry
régulier regular; steady
rehausser to enhance

reine *f.*   queen
rejeter   to throw back, to reject
remarquer   to notice
remercier   to thank
remettre   to put back; to postpone; **se ___** to recover
remonter   to go up again; to walk up (a street)
remords *m.*   remorse
remplir   to fill
remuer   to move, to stir
rencontre *f.*   meeting, encounter
rencontrer   to meet
rendre   to render; to make; to give back; **___ service**   to do a good turn; **se ___ à** to go to; **se ___ compte de**   to realize
renfermer: se ___   to shut oneself up
renfrogné   sullen; frowning
renoncer   to renounce
renseigner   to inform
repaître: se ___   to feed (animal)
répandre: se ___   to spill
réparer   to repair
repartir   to start; to leave again
repas *m.*   meal
répertoire *m.*   repertory
répliquer   to answer
répondre   to reply
réponse *f.*   reply, answer
repos *m.*   rest
reposer   to rest
reprendre   to go on
représentation *f.*   performance
représenter   to present, to give; to perform
reprise *f.*   revival (play); resumption; **à plusieurs reprises**   on several occasions
résister   to resist
résoudre   to solve
responsable   responsible
ressembler   to resemble
resserrer   to tighten
ressortir   to go out again
reste *m.*   remainder; **et le ___**   and so on
rester   to remain; **en ___ là**   to stop at that point
restreint   limited
résultat *m.*   result
retenir   to stop; to hold back, to detain

retentir   to resound, to ring, to reverberate
retenue *f.*   detention
retirer   to retire; **se ___**   to withdraw, to retire
retour *m.*   return
retourner   to return; **se ___**   to turn around
rétrécir   to take in (garment)
retrouver   to find again, to recover; **se ___**   to meet again
réussite *f.*   success; result
rêve *m.*   dream
réveiller   to waken; **se ___**   to awaken, to wake up
revenir   to come back
rêver   to dream
révérence *f.*   bow, curtsy
revêtir   to dress, to clothe, to attire
rêveur   dreamy
revoir   to see again; **au ___**   goodbye
revue *f.*   magazine
rez-de-chaussée *m.*   ground floor
rideau *m.*   curtain
ridicule   ridiculous
rien   nothing
rigoler   to laugh
rire   to laugh
risquer   to risk
rivière *f.*   river
robe *f.*   dress, gown
robuste   robust
rôder   to prowl
roi *m.*   king
romaine *f.*   romaine lettuce
roman *m.*   novel; **___-fleuve**   long, multivolume novel; saga
rosée *f.*   dew
rouge   red
rougir   to blush
rouler   to roll, to roll along; to ride
Roumanie *f.*   Rumania
route *f.*   route, way, road
royaume *m.*   kingdom
ruban *m.*   ribbon
rubrique *f.*   column (newspaper); heading
rue *f.*   street, thoroughfare
rugir   to roar
rugueux   rough
ruisselant   dripping

rumeur *f.* indistinct sound
ruse *f.* ruse, trick, wile

sabot *m.* hoof
sabre *m.* sword
sage good
saillant prominent
saisir to seize
saisissant piercing
saisissement *m.* surprise
sale dirty; rotten
salle *f.* room; __ **à manger** dining room
salon *m.* drawing room; parlor
saluer to greet
salut *m.* greeting
sang *m.* blood
sanglant covered with blood
sanglot *m.* sob
sangloter to sob
santé *f.* health
sauf except
sauter to jump
sauvage wild, savage
sauver to save
savant *m.* scholar; scientist; *adj.* learned,
    scholarly
savoir to know
scène *f.* stage; scene
scolaire of school
secouer to shake
secousse *f.* jolt
secrétaire *m.* desk
séduisant seductive; attractive
séjourner to sojourn, to stay
selon according to
semaine *f.* week
semblable similar, like; **ses semblables**
    one's fellow men
sembler to seem
sens *m.* sense; opinion
senteur *f.* scent, perfume
sentir to feel; to smell; **se __** to feel
séparer to part, to divide; **se __** to part
    company
sérieux serious
serrer to press; to squeeze
service *m.* service, duty

servir to serve; __ **à** to be useful for;
    se __ de to use
seul alone; only, sole
seulement only
si *adv.* so
siècle *m.* century
signe *m.* sign; **faire __ que non** to make
    a negative sign
significatif significant
signifier to mean
silencieux silent
simultanément simultaneously
soie *f.* silk
soif *f.* thirst; **avoir __** to be thirsty
soigner to care for
soin *m.* care
soir *m.* evening
soirée *f.* evening
sol *m.* ground
soleil *m.* sun
solennel solemn
solitaire solitary
sombre dark; somber
sommeil *m.* sleep
somptueux sumptuous
songer to think; to dream
sonner to ring
sonnerie *f.* ringing
sonore harmonious
sorte *f.* kind, sort
sortir to go out, to leave
sottise *f.* stupidity
sou *m.* small coin
souci *m.* anxiety, worry
soucier: se __ to trouble oneself, to care
soucoupe *f.* saucer
souffle *m.* breath; breathing
souffler to blow; to breathe
souffrir to suffer
souhaitable suitable, desirable
souhaiter to wish
soulever to raise; to rouse; **se __** to rise
soumettre to submit
soupirer to sigh
souriant smiling
sourire to smile
sous under
soutenir to support; to maintain, to affirm

souvenir: se ___ de *v.*   to remember
souvenir *m.*   remembrance
souvent   often
spacieux   spacious
spiritueux *m. pl.*   alcohol
splendeur *f.*   splendor, magnificence
stationner   to park
statisticien *m.*   statistician
statistique *f.*   statistics
stupéfait   astounded
stupidement   stupidly
succéder   to succeed, to follow after
   (someone)
successivement   successively
sucer   to suck
sucre *m.*   sugar
sud *m.*   south
sueur *f.*   sweat
suffire   to suffice, to be sufficient
suffoquer   to suffocate; to stifle
suicider: se ___   to commit suicide
suite *f.*   the rest; **à la ___ de**   after,
   following; **tout de suite**   right away,
   at once
suivant   following
suivre   to follow
sujet *m.*   subject; matter; **au ___ de**
   concerning, with regard to
supérieur   superior
supplier   to implore, to beg
supporter   to support, to tolerate
sur   on
sûr   sure, certain
surgir   to appear suddenly
surnommer   to surname; to call
surprendre   to surprise
surtout   especially, above all
surveiller   to watch over; to observe
susceptible   sensitive; touchy
sycomore *m.*   sycamore tree

tableau *m.*   painting
tâcher   to try
taire: se ___   to remain silent; **faire ___**
   to silence
tambour *m.*   drum; drummer
tandis que   while

tanné   tanned
tant   so much, so many; **___ mieux**   so
   much the better; **___ pis**   too bad, so
   much the worse
tante *f.*   aunt
taper   to pat, to hit; to typewrite
tard   late
tâter   to feel; to touch; **___ de**   to try
tâtonner   to grope; to proceed tentatively
tâtons: à ___   gropingly
teindre   to color
teint *m.*   complexion
tellement *adv.*   so
témoignage *m.*   testimony, evidence
témoin *m.*   witness
tempêter   to rage
temps *m.*   time; weather; **en même ___ que**
   at the same time as; **un ___**   a pause
tendre   to extend, to reach out, to hold out
tendresse *f.*   tenderness, love
tenir   to hold; **___ à**   to insist upon;
   ___ au courant   to keep informed;
   se ___   to keep, to be, to remain;
   s'en ___ à   to stick to; **savoir à quoi**
   s'en ___   to know what to expect;
   ___ parole   to keep one's word; **___ pour**
   to consider; **qu'à cela ne tienne**   it
   makes no difference; **il n'y peut ___**
   he cannot stand it any longer; **___ des**
   propos   to speak
tenter   to try; to tempt
terminer   to end, to finish
terrasse *f.*   terrace
terre *f.*   earth, ground; **par ___**   on the
   floor
terreur *f.*   terror
territoire *m.*   territory
tête *f.*   head; **faire la ___**   to sulk;
   marcher en ___   to lead the way
thé *m.*   tea
théâtre *m.*   theater
tinter   to ring
tirer   to pull, to draw, to take out
tissu *m.*   fabric
titre *m.*   title; diploma
tolérer   to tolerate
tombant *adj.*   drooping
tomber   to fall

ton *m.*   tone, intonation
tort *m.*   wrong; harm; **à ___ et à travers**
 at random; **avoir ___**   to be wrong;
 faire ___   to wrong, to hurt; **à ses torts**
 in the wrong
tôt   early; soon
touffe *f.*   wisp
toujours   always
toupet *m.*   impudence
tour *m.*   turn; trip; trick
tourner   to turn, to revolve; to turn on;
 ___ en rond   to turn round and round;
 se ___   to turn around
tout   all; **___ à coup**   suddenly; **___ à fait**
 entirely; **___ le monde**   everybody
toutefois   however
tracer   to lay out; to map out
traducteur *m.*   translator
traduire   to translate
trahison *f.*   betrayal
traîner   to drag along
trait *m.*   feature; trait
traiter   to treat; to deal
traître *m.*   traitor; *adj.*   treacherous
tranché   settled
tranquille   calm, still; **soyez ___**   set your
 mind at rest
transformer   to transform
transpirer   to perspire
travailler   to work
travers: à ___   through
traverser   to cross
trembler   to tremble
tremper   to dip
trésor *m.*   treasure
tricheur *m.*   cheat
trier   to sort
triste   sad
tromper   to deceive, to betray; **se ___**   to
 be mistaken
trôner   to sit enthroned
trop   too much, too many
trottoir *m.*   sidewalk
troublant   disturbing, disconcerting
troupeau *m.*   herd
trouver   to find, to discover; **se ___**   to be;
 to happen
truc *m. pop.*   thing
tuer   to kill

tueur *m.*   killer
tuile *f.*   tile
tumultueux   tumultuous
type *m. pop.*   fellow

uniquement   only
usé   worn, shabby, threadbare
user   to use; **s'___**   to wear away, to wear
 out
usine *f.*   factory
utiliser   to use

vacances *f. pl.*   vacation
vague *f.*   wave; *adj.*   vague
vaisseau *m.*   ship
valet de chambre *m.*   butler
valeur *f.*   value
valoir   to be worth; **___ la peine**   to be
 worthwhile; **___ mieux**   to be better
vaquer (à)   to attend (to)
vaste   vast
veille *f.*   the day before; eve
veiller   to watch
veine *f.*   vein
velours *m.*   velvet
venir   to come; **___ de**   to have just; **___ de**
 force   to force one's way
vent *m.*   wind
verdâtre   greenish
vérité *f.*   truth
vermoulu   worm-eaten, decrepit
verre *m.*   glass
verrou *m.*   bolt, bar
vers *m.*   verse
vers   toward; at; around
vert   green
vertu *f.*   virtue
veste *f.*   jacket
veston *m.*   coat; jacket
vêtement *m.*   clothing
vêtir (*p.p.* **vêtu**)   to dress
veuve *f.*   widow
vexant   vexing, annoying
vide   empty
vie *f.*   life
vieillard *m.*   old man
vieillir   to grow old

vieux, vieille old
vigueur *f.* vigor
vilain ugly; nasty; bad
ville *f.* city; town
vin *m.* wine
violer to rape
violet violet, purple
visage *m.* face
visiter to visit
visuel visual
vite quickly
vitesse *f.* speed
vitre *f.* windowpane
vivant *m.* living being; *adj.* alive, living
vivement quickly
vivre to live
voie *f.* road
voilier *m.* sailing vessel; sailboat

voir to see
voisin *m.* neighbor
voiture *f.* car, automobile; carriage, cart
voix *f.* voice
voler to fly; to steal
volonté *f.* will
volupté *f.* sensual delight
vouloir to wish, to want; **bien** ___ to be willing; **en** ___ **à (quelqu'un)** to bear a grudge against; **que voulez-vous?** well, well!
voyage *m.* trip; **en** ___ traveling
voyager to travel
vrai true; real
vue *f.* sight, view; **à** ___ **d'œil** visibly
vulgaire common, ordinary; vulgar

yeux *m. pl.* eyes